Adele Getty

Göttin

Mutter des Lebens

Mit 141 Abbildungen, davon 16 farbigen

Kösel

Bildnachweise

IM TEXT
Bergerac, Photo Laborie 9; Berlin, Staatliche Museen 23; The Bridgeman Art Library 26; Photo François Varin, Explorer 11; Heraklion Museum (photo Hirmer) 13, 21; The Independent 28; Istituto Amatller de Arte Hispanico (photo Mas) 27; London, British Museum 18; London, Lambeth Palace Library 27; Mailand, Castello Sforzesco 25; J. Rosellini, *Monumenti dell' Egitto e della Nubia*, Pisa (1832) 17; Paris, Musée Guimet (photo Bulloz) 31; Paris, Private Sammlung (photograph Jacqueline Hyde) 22; Prag, Archaeological Institute of the Czech Academy of Sciences 9; Rom, Fototeca Unione 4; Wien, Naturhistorisches Museum 8

IN DEN TAFELN
Athen, National Museum of Archaeology 46; Baghdad Museum (photo Jean Mazenod, von Pierre Amiet, *Art of the Ancient Near East*, Editions Citadelles, Paris) 33; Bordeaux, Musée d' Aquitaine (photo Jean Vertut) 40; Boston, Isabella Stewart Gardner Museum 63; Damaskus Museum (photo Jean Mazenod, von Pierre Amiet, *Art of the Ancient Near East*, Editions Citadelles, Paris) 50; Florenz, Galleria degli Uffizi (photo Scala) 45; Werner Forman Archive 60-1; Robert Harding Picture Library 53; Colleen Kelly 48-9; C. und J. Lenars 37; Henri Lhote 49, 54; Mailand, Franco Maria Ricci Collection 58; Ajit Mookerjee 42; München, Staatliche Antikensammlungen und Glyptothek (photo Hirmer) 55; München, Museum für Völkerkunde 38; New Delhi, C.L. Bharavy Collection 52; New Delhi, Pupul Jayakar Collection 34; Nara, Yakushi-ji (photo Sakamoto Photo Research Lab.) 56; New York, The Metropolitan Museum of Art, Gabe von J. Pierpont Morgan, 1917 (17. 190. 185) 59; Paris, Bibliothèque de l'Assemblée Nationale 44; Paris Louvre 39; Paris Musée Cluny 46-7; Paris Musée Jacquemart-André (photo Bulloz) 51; Popperfoto 43; Private Sammlung (photo Alain Mahuzier, von J. Alcina Franch, *Pre-Columbian Art*, Editions Citadelles, Paris) 36; Private Sammlung 62; San Francisco, The Fine Arts Museum of San Francisco, Gabe von Peter F. Young 64; Santa Fe, photograph Roderick Hook, courtesy of the Wheelwright Museum of the American Indian (no. P4 4A) 61; Photo Scala 41; Trier, Rheinisches Landesmuseum 35; Annie Truxell 57

IN DEN THEMEN
Alampur Museum, Hyderabad State 67 o.l.; Ankara Museum (photo Josephine Powell) 86 o.; Archaeological Survey of India 85 o.; Athen, British School (photo Josephine Powell) 88 o.r.; Sammlung der Autorin 82 o.; Baltimore, courtesy of the Walters Art Gallery 81 o.l.; Basel, Museum für Völkerkunde und Schweizerisches Museum für Volkskunde 91 o.l.; Boston, courtesy of the Museum of Fine Arts, Catherine Page Perkins Fund 71 o.l., James Fund and by Special Contribution 88 o.l., Gabe von F. P. Warren 91 u.; Photo Bulloz 90 u.l.; Cambridge University Museum of Archaeology and Anthropology 79 m.r.; Kairo, Egyptian Museum 87 o.l.; Carlisle, Tullie House, City Museum and Art Gallery 89 u.r.; Higgins, *The Celtic Druids*, London (1829) 66 o.; Chantilly, Musée Condé (photo Giraudon) 86 u.; Chicago, Field Museum of Natural History 94 u.r.; Photo M. Chuzeville 79 o.l.; The Cleveland Museum of Art, Purchase from the J.H. Wade Fund (31. 121.) 78 u.; Douglas Dickens Photo Library 75 u.; Photo Robert Edwards 69 u.r.; Fairbanks, University Museum, University of Alaska 66 u.; Photo Fievet 95 l.; Florenz, Archaeological Museum 83 o.l.; Werner Forman Archive 67 u.r.; Photo Irmgard Groth 82 u.; Leo Frobenius und Hugo Obermaier, *Hadschra Maktuba* (1925) 79 u.r.; Heraklion Museum (photo Leonard van Matt) 70 u.l.; Hopi Cooperative Arts and Crafts Guild 77 m.; The Illustrated London News 80 u.; Israel Department of Antiquities and Museums (photo Hillel Burger) 68 l.; Collection, René Jacobs, West Orange, N.J. 95 u.; Colleen Kelly 95 o.; Jacqueline Klemes of Sophia Icon Studio, London 83 u.l.; London, British Museum 70 o., 72 o.l., 79 u.l., 81 u.l., 84 o.r., 90 o.l., 94 u.r.; London, Courtauld Institute 74 m.; London, Tate Gallery und private Sammlungen 72 o.r.; The MacQuitty International Photographic Collection 73 o.r.; Madrid, Museo de America (photo Jean Mazenod, von J. Alcina Franch, *Pre-Columbian Art*, Editions Citadelles, Paris) 93 m.l.; Madrid, Museo del Prado 83 o.r.; Mansell Collection 77 o.l.; Merrion Station, PA, Photograph © Copyright 1990 by The Barnes Foundation 93 o.; Mexico, D.F., Instituto Nacional Anthropologia e Historia 85 u.l., 89 o.r.; Mexican National Museum of Anthropology 70 u.r., (Photo Irmgard Groth) 81 u.r., 83 u.r.; National Monuments Record 67 o.; Newcastle, Museum of Antiquities 74 o.; New York, courtesy of the Museum of the American Indian, Heye Foundation 67 u.r.; New York, The Metropolitan Museum of Art: The Cesnola Collection; purchased by subscription (1874–76) 71 u.l., The Michael C. Rockefeller Memorial Collection, Bequest of Nelson A. Rockefeller (1979) 73 u.r., Gabe von J. Pierpont Morgan (1916) 87 o.r.; New York, Collection, The Museum of Modern Art 76 u.; Photo Jean-Louis Nou 76 o.; Ottawa, National Museums of Canada 72 u.l., 75 o.r.; Oxford, Ashmolean Museum 90 o.r.; Paris, Louvre 72 u.r., (photo Giraudon) 78 o., 80 o.; Paris, Musée de l'Homme 73 u.l., 84 u.l.; Paris, Private Sammlung 69 u.l.; P. Delougaz, *Pottery from the Diyala Region* (1952) 65; Private Sammlung (photo Giraudon) 75 o.l.; Rom, Museo di Villa Giulia (photo Georgina Masson) 92 u.; San Francisco, The Fine Arts Museum of San Francisco, Gabe von Peter F. Young 68 r.; Santa Fe, photograph by Roderick Hook, courtesy of the Wheelwright Museum of the American Indian (no. P4 1) 87 u.; Photo Edwin Smith 77 u.r.; Stuttgart, Württembergisches Landesmuseum 79 o.r.; Syracuse Museum (photo Hirmer) 85 u.r.; Taiwan, Republic of China, Collection of the National Palace Museum 89 l.; Triest, Civico Museo di Storia ed Arte 74 u.; Victoria, British Columbia Provincial Museum 94 m.; Wien, Kunsthistorisches Museum 77 o.r.; Washington, D.C., National Gallery of Art. Robert Woods Bliss Collection. Loan 69 o.; Windsor, Provost and Fellows of Eton College 91 m.; Photo Roger Wood 92 o.

Übersetzung aus dem Englischen: Jürgen Saupe, Dießen.
Die Originalausgabe erschien unter dem Titel »Goddess. Mother of Living Nature« in der Reihe »Art and Imagination« bei Thames and Hudson Ltd., London.
General Editor: Jill Purce.
© 1990 Thames and Hudson Ltd., London
© 1993 für die deutsche Ausgabe by Kösel-Verlag GmbH & Co., München.
Alle Rechte vorbehalten.
Satz: Kösel, Kempten
Printed in Singapore

ISBN 3-466-34287-2

Inhalt

Mutter der lebendigen Natur 5

Der Mythos der Anfänge 6
Samen und Überfluß 10
Die göttliche Umarmung 16
Söhne des Lichts 19
Die patriarchale Umkehrung 21
Auf diesem Felsen 24
Unerwünschte Marienverehrung 26
Natur, Frau und die Göttin 28
Mit den Augen Gaias 29

Tafeln 33

Themen 65

Tor der Initiation 66
Ein Liebesdienst 68
Die Milch der Liebe und Güte 70
Gaia Genetrix 72
Die Wasser des Lebens 74
Die Welt der Pflanzen 76
Die Herrin der Tiere 78
Mensch, Tier, Gottheit 80
Die Du das Rufen hörst 82
Die Todbringende 84
Zwei, Drei und Vier 86
Das Licht in der Finsternis 88
Ewig wachsame Augen 90
Die Vereinigung der Gegensätze 92
Spinnen weben Spiralen 94

Quellen und weiterführende Literatur 96

Heilige Göttin Tellus,
Mutter der lebendigen Natur,
Die Nahrung des Lebens,
Teilst Du in ewiger Treue zu,
Und wenn uns das Leben verlassen hat,
Nehmen wir Zuflucht zu Dir.
So kehrt alles, was Du gibst,
In Deinen Schoß zurück.
Mit Recht wirst Du Mutter der Götter genannt,
Denn durch Deine Treue
Hast Du die Macht der Götter besiegt.
Wahrlich, Du bist ebenso die Mutter
Der Völker wie der Götter,
Ohne Dich kann nichts gedeihen oder sein:
Du bist mächtig, bist der Götter
Königin und auch ihre Göttin.
Dich, Göttin, und Deine Macht rufe ich nun an:
Leicht kannst Du gewähren, worum ich bitte,
Und dafür werde ich Dir, Göttin, aufrichtig danken.

Lobpreisung, 2. Jahrhundert n.Chr.

Mutter der lebendigen Natur

Seit undenklichen Zeiten haben uns unsere Vorfahren heilige Bilder der weiblichen Gestalt hinterlassen. Von den Höhlen von Lascaux in Frankreich bis zum Balkan offenbaren die Kunst und die Geräte der Alt- und Jungsteinzeit, Ausdruck der frühesten mythenschaffenden Regungen der Menschheit, eine tiefe Ehrfurcht vor dem Leben und besonders der Großen Mutter. Sie wird verehrt, weil sie Leben gibt und bewahrt: aus ihrem Bauch kommt das große Mysterium, und zu ihr kehrt alles zurück. Durch ihren Erdleib, durch Gaia, wird alles Leben in homöostatischem Gleichgewicht gehalten. Wir wissen nicht, ob es die Große Muttergöttin war, die unsere Vorfahren auf dem Weg zu bewußten Wesen führte. Auf jeden Fall ist es aber eine Frau, die uns als Mutter von den ersten Augenblicken des Lebens an betreut. Die Schöpfungsmythen zahlloser Kulturen legen Zeugnis davon ab und von der Rolle, die das weibliche Prinzip bei der Gestaltung der Welt spielte, in der wir leben. In der Vorstellung ist die Göttin allgegenwärtig und ewig, und sie ist die Größte aller Geschichtenerzähler. Auf der ganzen Welt ist ihre Geschichte in das Leben und die Sagen der Menschheit verwoben.

Die Göttin ist immer in einer Vielzahl von Formen gesehen worden. Sie ist Mutter der Welt, Spenderin des Lebens, die große Nährende, Erhaltende und Heilende. Und doch ist sie auch die Todbringende, die Unsterblichkeit und Befreiung schenkt. Die Göttin gibt und die Göttin nimmt. In einer Gestalt stellt sie unendliches Mitgefühl dar, in einer anderen totale Vernichtung. Sie ist die Verkörperung dessen, was wir Leben nennen. Ihre Geschichte ist so alt wie das Leben selbst, denn sie *ist* das Leben. Sie ist die Zeit – Vergangenheit, Gegenwart und Zukunft; sie ist Form und Formlosigkeit. Sie ist Jungfrau, Liebende, Mutter und Alte. Sie trägt zehntausend Namen: hieß »Himmelskönigin«, »Gebieterin der Dunkelheit«, »Herrin der Tiere«, »Weberin des Gewirkten«. Überall in der Kunst der Welt finden wir sie als die allmächtige schöpferische Energie der Lebenskraft. Ohne sie sind wir nichts; mit ihr werden unsere Fähigkeiten mit einer lebendigen Energie erfüllt, die uns in die Zukunft trägt.

So die uns überlieferte Geschichte der Göttin. Sie berichtet von unseren ältesten Vorfahren, von der Entwicklung der großen Zivilisationen der Welt, und sie veranschaulicht die einst überragende Rolle des göttlichen Weiblichen und den späteren Niedergang. Die mythologische Perspektive ist nur einer der Fäden der Geschichte; die politischen Auswirkungen auf die Frauen und unsere sich wandelnde Haltung gegenüber Leben und Natur sind ebenfalls zutiefst mit ihrem Schicksal verknüpft.

Auch wenn die Göttin allmählich zur Seite gedrängt wurde, unser Unbewußtes hat sie nie verlassen. Zu ihrem Wesen gehörte immer der Zyklus,

Gegenüber: *Tellus Mater – die Erdmutter –* mit Symbolen ihrer fruchtbaren Fülle. (Relief vom Altar des Augustusfriedens, Ara Pacis, Rom 13–9 v. Chr.)

eingebettet in die Natur des Lebens; wie ein Komet kehrt sie immer wieder. Die jetzige Rückkehr der Göttin ist mit der Umweltschutzbewegung und der weltweiten Frauenbewegung verknüpft – und kommt genau zur rechten Zeit. Denn da der hierarchisch geprägte Drang zur Zerstörung und Unterdrückung seine Stoßkraft verausgabt hat und wir vor dem Untergang des Planeten stehen, ist ihre erhaltende Kraft wieder einmal von entscheidender Bedeutung. Kein Wunder, daß das heutige wissenschaftliche Verständnis des großen Ökosystems Erde von der »Gaia-Hypothese« spricht – Gaia, die griechische Erdmutter.

Der Mythos der Anfänge

Die Frage der Schöpfung lautet: »Welche Ereignisse werden sich in einem völlig leeren Raum abspielen?« Diese Suche nach dem anfänglichen lebenschaffenden Impuls, die uns Jahrmilliarden in unserer tiefsten Erinnerung zurückkreisen läßt, hat die Menschheit von den Anfängen der Geschichte bis jetzt fasziniert. Jede Kultur hat ihre eigene Lösung des größten aller Rätsel gefunden. Erstaunlich häufig wird der Ursprung alles Lebens auf der Erde in der weiblichen Kraft gesehen.

Im Sanskrit heißt die Kraft, die das schöpferische Prinzip manifestiert, die Göttin Shakti (oder Energie). Der französische Indologe Alain Daniélou beschreibt Energie als den Ursprung von allem, die Quelle der Erscheinungswelt, aber auch den bewußten Plan der Schöpfung, das Prinzip des Wissens oder der Wahrnehmung, durch das ihre reale oder scheinbare Existenz zu erkennen ist. In den heiligen Schriften Indiens ist die Göttin die allesumfassende Schöpferin.

Die Götter näherten sich der strahlenden Göttin Shakti und fragten: »Wer bist du?« Sie antwortete: »Ich bin die Form der Unendlichkeit; aus mir entsteht die Welt als Natur und Person. Ich bin das Königintum, schenke Fülle, kenne das Wesen der Dinge. Ich bin die Erste in allen Ritualen. Die Götter haben meine vielen Wohnorte errichtet. Weit reicht meine Wirkung. Ich bin in allem. Von mir kommt die Nahrung, die ihr eßt, alles, was ihr seht, was Atem hat, all die Worte, die ihr hört. Wer mich nicht anerkennt, zerstört sich selbst. Betrachtet und hört, was ich sage, mit Ehrfurcht. Ich bin die Freude des Lebens und der Menschheit.«

Bei den Kagaba in Kolumbien gibt es keinen Kult der Göttin als Mutter, werden keine Gebete an sie gerichtet, außer in der Zeit, in der auf den Feldern gesät wird. Dann heißt es in den Gesängen:

Unsere Mutter der wachsenden Felder, unsere Mutter der Flüsse wird sich unser erbarmen. Denn wem gehören wir? Wessen Samen sind wir? Nur unserer Mutter allein gehören wir. Die Mutter unserer Lieder, die Mutter all unserer Samen gebar uns am Anfang der Dinge, und so ist sie die Mutter der Frauen, Männer und aller Völker. Sie ist die Mutter des Donners und die Mutter der Flüsse, die Mutter der Bäume und aller Dinge. Sie ist die Mutter der Welt und der älteren Brüder, der Steinleute. Sie ist die Mutter der Früchte der Erde und aller Dinge. Sie ist die Mutter unserer Tänze, all unserer Tempel und die einzige Mutter, die wir haben. Sie allein ist die Mutter des Feuers und der Sonne und der Milchstraße. Sie hat uns in Gestalt der Lieder und Tänze ein Zeichen hinterlassen.

Selbst der Schöpfungsmythos in 1. Mose ähnelt dem pelasgischen Mythos des antiken Griechenland, der nach Robert Graves (1955) wie folgt lautet:

Am Anfang war die Welt formlos und leer. Und unsere Große Mutter Eurynome stieg nackt aus dem Abgrund, blickte sich um und sah, daß sie allein war. Sie tanzte in der Finsternis, und durch ihren Tanz wurde die Luft bewegt. Von Norden blies ihr ein Wind ins

---

Denn ich bin die Erste und die Letzte, Ich bin die Geehrte und die Verachtete Ich bin die, die sie Leben nennen, und ihr habt mich Tod genannt.

Gnostische Hymne

Der pelasgische Mythos des alten Griechenland schildert die Schlange als phallischen Gefährten der Großen Mutter Eurynome. Die Beziehung ist im biblischen Mythos entstellt. Evas Rolle ist nicht die einer Schöpferin, sondern bloß die einer Verführerin (Holzschnitt von James Metcalf).

Gesicht, und sie nahm ihn in die Hände, rieb ihn und gab ihm die Gestalt einer gefleckten Schlange. Ihn gelüstete es nach unserer Mutter, und sie duldete, daß er sie mit seinen Windungen umschlang und sie erkannte. Er hatte aber noch keinen Namen. Und im Lauf der Zeit nahm unsere Mutter die Gestalt einer Taube an und brütete auf dem Wasser und legte ein großes Ei, das er umschlang und ausbrütete, so daß es aufbrach und alle Dinge geschaffen wurden.
Als unsere Mutter nun ihre Werke betrachtete und sah, daß sie gut waren, richtete sie auf immer die Jahre und Jahreszeiten, die Monate und Wochen ein. Und jede Woche teilte sie in sieben Nächte und Tage.

Dieses Motiv findet sich auch in der Schöpfungsgeschichte der nordamerikanischen Indianer, die von einer Zeit erzählt, lange bevor Wesen geboren wurden, in der es nur eine Stille wie im Auge eines großen Sturms gab. Die Stille hieß die Zeit-Raum-Leere der Urgroßmutter Wakan. Wakan ist eine uralte Erinnerung, und alle Schöpfung trägt sie in sich. Jetzt wird sie als der Pfad der Schönheit des Lebens gefeiert. Die Urgroßmutter verkörpert die schöpferisch-empfangende Energie des Universums. Ihre weibliche Energie Wakan liebt ihren Gefährten, den Urgroßvater oder Skkuan. Er ist die flüssige, zeugende Schlangenenergie des Universums und ist am Nachthimmel als Milchstraße zu sehen. Sie zeugen ein Kind der Freiheit mit Namen Wakan Tanka, den Großen Geist oder das Große Geheimnis. Aus dieser ursprünglichen Dreiheit manifestiert sich die materielle Welt. Als erstes wird die Sonne geboren, dann die Erde. Wieder lieben sich die männliche und weibliche Energie der Sonne und Erde, wodurch die Pflanzen geboren werden, und die Pflanzen ermöglichen die Geburt der Vierbeiner, der Tiere. Die nächste Paarung zeugt die Fünfsternleute, die Menschen. Die sechste Paarung schafft die Ahnengeister oder all jene, die früher kamen: dazu gehören die Mineral-, Pflanzen- und Tierreiche, auch die Vorfahren der Menschen. Gemeinsam gestalten sie die siebte Phase, indem alle Wesen der Schöpfung einen heiligen Traum weben. Ihre Aufgabe ist es, den Traum erwacht zu träumen.
Der wissenschaftliche Mythos von heute spricht ebenfalls von einer anfänglichen großen Leere, und was die Indianer als einen Ursprungsmoment kosmischer Liebe sehen, bezeichnen die Physiker als Urknall (»Big Bang«). Vor etwa viereinhalb Milliarden Jahren nahm das blaue Juwel des Sonnensystems, die Erde, als dritter Planet seine Umlaufbahn ein. Im Lauf der Jahrmillionen der Evolution entstand Leben in Form komplexer Systeme, die für ihr Überleben auf Mannigfaltigkeit und Zusammenarbeit angewiesen sind. Vor fünfzigtausend Jahren begannen die ersten Vorfahren unserer Abstammungslinie Spuren ihrer Anschauungen und Handlungsweisen zu hinterlassen. Als das große Eis zurückging und neues Land auftauchte, setzte eine Vermischung der Nomaden ein. In Frankreich, der Schweiz, Spanien und Palästina lebten kleine Gruppen von Menschen in Höhlen, die Schutz vor Wetter und Raubtieren boten. Draußen zogen große Herden und Zugvögel vorüber. Bäche und Flüsse waren voller Fische, und im Talgrund wuchsen eßbare Pflanzen, Beeren, Früchte und Nüsse. Oben liefen Sonne und Mond auf ihrer Bahn, die Jahreszeiten wechselten, und die Rhythmen des Frauenlebens offenbarten das zyklische Wesen des Lebens, das sich allen einprägte.
Dieses Bewußtsein fand bald Ausdruck in den ersten Anzeichen wirklicher Kunst. Von 35 000 v.Chr. an, vom altsteinzeitlichen Aurignacien bis in die ackerbauende Jungsteinzeit finden wir in Spanien, Frankreich, Osteuropa,

Die üppigen Formen der Venus von Willendorf lassen die tiefe Verehrung der geheimnisvollen lebenspendenden Kräfte der Frau und Göttin erkennen (Kalksteinfigur, Altsteinzeit, Höhe 10 cm, Aurignacien).

Rußland, im Mittelmeerraum und Nahen Osten Figuren der Göttin, aus Ton und Asche geformt und gebrannt, oder aus Knochen, Horn und Elfenbein geschnitzt. Die Archäologen haben zahlreiche Amulette ausgegraben, auf denen der eine oder andere Aspekt der Göttin dargestellt ist, ihre Brust oder ihr Schoß. Sie sind zusammen mit den Figuren, die besonders füllig sind oder gelängte Vogelköpfe zeigen, eindeutig keine frühe Pornographie, wie viele Gelehrte meinten. Sie stellen den Körper der Frau dar, der gebären kann, bei jedem Mondumlauf blutet und heilt, der nährt und stillt und schließlich stirbt und wiedergeboren wird. Die Fetische und Weihegaben der Altsteinzeit sollten ohne Zweifel als magische Hilfen für die einzelnen und die Gemeinschaft eine gute Geburt, reichen Milch- und Nahrungssegen gewährleisten, oder hatten mit Übergangsriten zu tun, wenn aus den Mädchen Frauen wurden.

Eines der frühesten Objekte stammt aus Les Eyzies im Südwesten Frankreichs und ist 32 000 Jahre alt. Die Schnitzerei aus Rentiergeweih hält mit Markierungen die Mondumläufe einer Schwangerschaft fest. Der gleiche Schwangerschaftskalender findet sich bei den Yurok-Indianern Kaliforniens. Vermutlich waren die Frauen aufgrund der Beobachtung ihrer Zyklen und des jahreszeitlichen Wachstums der Pflanzen die ersten, denen die periodischen Abläufe in der Natur auffielen. Das Festhalten der inneren und äußeren Rhythmen legte vielleicht den frühesten Grund für Wissenschaft und Religion.

Diese wachsende Bewußtheit über das Leben brachte ein intensives Interesse am Tod. Neandertaler und Cromagnon bestatten ihre Toten zeremoniell, häufig im Boden der Wohnplätze, vielleicht ein Hinweis auf den Glauben an ein Weiterleben. Die Lebenden und die Toten wurden mit rotem Ocker geschmückt, der auch viele Statuetten der Göttin, wie die Venus von Willendorf, bedeckte. Roter Ocker steht für die Eigenschaften des Belebten, des Blutes, der *prima materia*. Nur ein lebendiger Körper blutet, und die Frauen bluten einmal im Monat und bei der Geburt. Das rote Blut der Geburt ist die erste Farbe, die wir sehen. Blut ist heilig, und der rote Ocker steht für die Energie des Lebens und der Erneuerung. Womöglich nahmen die Frühmenschen an, durch das Bedecken der Toten mit rotem Ocker könne die Lebenskraft in sie zurückgebracht werden.

In Le Roc wurden Steinplatten mit weiblichen Gestalten mit der Verzierung nach unten auf die Erde gelegt – die Bildwerke waren nur für die Augen der Erdmutter bestimmt. Die Steine und andere Objekte legen nahe, daß die Höhlen als heilig galten, daß die Große Mutter als Schoß und Grab der Menschen gesehen wurde. Auch heute noch ist für die meisten das Betreten einer Höhle ein tiefes Erlebnis. Die Dunkelheit wie im Mutterleib, der feuchte Erdgeruch rufen die uralte Erinnerung wach, im Körper eines anderen Wesens zu leben. In der Höhle steigt eine typische Mischung von Gefühlen auf – Angst, weil die Höhle finster und voller uralter Stille ist; Ehrfurcht, weil sie an zeitloses Sein gemahnt; Panik, wenn wir uns zu weit zwischen ihren beengenden Wänden vorwagen; und kühne Sehnsucht, zum Ort unseres Ursprungs zurückzukehren.

Bei Rouffignac erstreckt sich eine Höhle, berühmt für ihre Bilder von Mammuts, fast zwei Kilometer weit in die Erde. Dort finden sich im Lehm runde, kraterähnliche Vertiefungen, die sich die Höhlenbären für ihren Winterschlaf bereiteten. An den Wänden neben den Lagern sind prächtige rote und

Die Höhle, überall dem Leib der Mutter Erde gleichgesetzt, wurde von frühesten Zeiten an als Ort symbolischer Wiedergeburt genutzt. Die Tiere in den Durchgängen (Lascaux) zeigen, wie sehr die Göttin mit den Jagdritualen der Männer verknüpft war.

Viele der stilisierten weiblichen Statuetten der frühen Kulturen wie der Mammutstoßzahn aus Dolni Vestonice (Gravettische Kultur) haben auch phallische Bedeutung. Die Markierungen könnten ein Menstruations- oder Schwangerschaftskalender sein.

schwarze Abdrücke von Kinder- und Frauenhänden, mit Ocker umrahmt, der durch Schilfrohre geblasen wurde. In der Tiefe der Höhle befindet sich eine kleine Kammer, die nur mit Hilfe eines Seils zu betreten ist. Alles deutet darauf hin, daß die Höhle und der lange Gang in ihr Inneres Initiationsriten diente. Rouffignac mit den Höhlenbären und den roten Ockerhänden der Frauen ist das früheste Beispiel, das an die Bärenkulte der Artemis denken läßt, die Jahrtausende später im Mittelmeerraum entstanden.

Es ist bedeutsam, daß alle menschlichen Figuren aus dem älteren Paläolithikum ohne Waffen dargestellt sind; viele scheinen an Zeremonien beteiligt. Obwohl die Kunst der Alt- und Jungsteinzeit kaum Aggression und Töten abbildet, und überall lebensbejahende Schwangere gefunden wurden, waren die Forscher des letzten Jahrhunderts meistens unfähig, das Friedliche der untersuchten Kultur wahrzunehmen. Die Experten malen eher das schreckliche Bild der Wirklichkeit des modernen Menschen. Betrachten wir die Deutungen unserer frühesten Anfänge und der Entwicklung der Urmutter, zeigt sich, daß jede Generation von Gelehrten von den jeweils gültigen Ansichten in Philosophie und Wissenschaft beeinflußt war. Der Gesichtspunkt, von dem wir bei der Deutung der Kunst und der Gebrauchsgegenstände früher Epochen ausgehen, bestimmt, was wir sehen, und dies kann nur die Form des Mythos sein, die wir heute leben. Die Werke über unsere ältesten Vorfahren sind voller sprachlicher Vorurteile über die Göttin, die Frauen, ihre Männer und die Lebensweise. Die Texte sprechen vom »Menschen als Jäger«, als »Erfinder von Werkzeug«, vom »Killeraffen«, von »erotisch-pornographischen weiblichen Figuren« und »Fruchtbarkeitskulten«.

Jahrelang beschrieben die Fachgelehrten die frühesten Ritzungen auf Knochen, Geweih und Elfenbein als Speere, Harpunen und Pfeile mit Widerhaken. Genaue Untersuchungen dieser Gebrauchsgegenstände durch Alexander Marshack legen nahe, daß es sich bei diesen Zeichen viel eher um Pflanzen handelt. Den aggressiven Cromagnon wurde oft vorgeworfen, sie hätten die Neandertaler ausgerottet, doch neuere archäologische Funde deuten darauf hin, daß beide Seite an Seite lebten, oft die gleichen Höhlen bewohnten und sich vielleicht mischten. Robert Ardrey verherrlicht den »Killeraffen«, die Gewalt und Überlegenheit der Waffen. Wenn wir Jägergesellschaften von heute ansehen, finden wir keine wilden, blutrünstigen Killer. Wir finden kunstvolle Zeremonien, die eine heilige Verbindung zwischen dem Stamm und den Tieren herstellen.

Was wir von der Altsteinzeit wissen, deutet auf ein friedliches, manchmal gefahrvolles Verhältnis zur Natur und den Tieren hin. Über die Beziehungen zwischen Männern und Frauen können wir nur mutmaßen. Bedeutsam ist, daß die Gräber beide Geschlechter in Ehren halten; und die »Fruchtbarkeitsfiguren« haben oft genug phallische Gestalt. Die Geschichte der Altsteinzeit läßt auf eine Kultur von mindestens 50 000 Jahren Dauer schließen. Die zentrale Gestalt war die Große Mutter, die in unseren Vorfahren eine Kultur der Kunst, der Lebenslust, einen Glauben an ein künftiges Leben, ein symbiotisches Verhältnis zu Pflanzen und Tieren, und eine große Achtung vor den natürlichen Zyklen der Frauen einprägte.

Samen und Überfluß

> Singen will ich von der wohlgegründeten Gaia,
> Allmutter, älteste aller Wesen,
> sie nährt alle Geschöpfe,
> die in der Welt sind, die auf dem guten Land wandeln, auf den Wegen des Meeres sind, die fliegen: alle werden aus ihrem Vorrat genährt.
>
> Homerische Hymne, 7. Jh. v. Chr.

Die jungsteinzeitliche Revolution, die gegen Ende der letzten Eiszeit einsetzte und zum Ackerbau führte, hat deutliche Hinweise auf die Rolle der Göttin und die Menschen, die sie verehrten, hinterlassen. Vor etwa 10 000 Jahren kam es in Europa und im Mittelmeerraum zu Klimaveränderungen. Die alte Welt mit ihrem Leben wandelte sich, als das Land trockener wurde. Im Nahen Osten wurden die Höhlen zugunsten festerer Siedlungen aufgegeben. Der Entwicklung war eine Gnadenfrist vergönnt, als sich die Menschheit auf halbem Wege zwischen der Erinnerung an die Höhlen mit der Herrin der Tiere und den entstehenden Stadtstaaten befand. Die Bewegung vom Nomadenleben mit Jagen und Sammeln hin zur Seßhaftigkeit sollte schließlich zur Verwandlung der Großen Göttin von einer Ursprungsgottheit zur Mutter, Geliebten und Gefährtin des neuen jungen Gottes führen, der bald nach dem Bild des Mannes geschaffen wurde.

Die ersten Siedlungen mußten anscheinend nicht als befestigte Dörfer auf Hügeln angelegt werden. Viele der frühen Dörfer befanden sich im offenen Land, häufig in der Mitte fruchtbarer Täler. Unsere Vorfahren dachten nicht an Schutz, weil sie sich vor niemand schützen mußten. Wenn je ein Garten Eden war, dann damals, als es Wild und Getreide in Hülle und Fülle gab. Offene Siedlungen kennen wir aus dem Nahen Osten, aus Indien, China und Osteuropa. Einige dieser Kulturen lassen Anzeichen einer über tausendjährigen Epoche des Friedens erkennen. Die unbewehrten Siedlungen wußten nichts von Krieg, Vergewaltigung, Plünderung oder Invasion. Und in der gesamten frühen Entwicklungsphase war die Göttin von elementarer Bedeutung.

Die Stadt Jericho, mit der Radiokarbonmethode auf 9550 v. Chr. datiert, wurde neben einer heiligen Quelle gegründet, wo die Natur ihre Milch spendete, um alle zu nähren. In jedem Haus befanden sich Bildnisse der Göttin; in einer nahen Siedlung wurde in den Resten eines Tempels ein behauener Stein mit Brüsten gefunden. Die gesamte Anlage läßt auf eine tiefe Beziehung zur Göttin schließen: sie hatte, ursprünglich unbefestigt, die Form der Mondsichel. Die Häuser glichen Bienenkörben: beides starke, überdauernde Symbole der Großen Mutter. Überall auf der Welt wird der Mond dem ewig Weiblichen zugeordnet, da sein monatlicher Umlauf an

Frauen in Westafrika feiern ein Menstruationsritual, schwingen Sicheln, die uns an die Verbindung zwischen dem Mondzyklus weiblicher Fruchtbarkeit und der Natur mit ihrem Zyklus der Erntefülle erinnern.

die Rhythmen der Frauen erinnert. Der Mond verkörpert Ebbe und Flut: Geburt, Wachstum und Tod, ein Bild ständiger Erneuerung, das in den drei Aspekten der Göttin als Jungfrau, Mutter und alter Frau sichtbar wird. In Indien wurde die Mondsichel als Gefäß der Monatsblutung gesehen, aus der die Frauen Kinder schufen, Frucht ihres Schoßes. Die Perser sahen den Mond als Mutter, »deren Liebe überall hindringt«, während er bei den Sioux »die alte Frau« hieß, »die nie stirbt«. Die zahlreichen steinernen Mondsicheln in Jericho verweisen auf eine zusätzliche Verbindung der Göttin mit den Pflanzen, die mit ihnen geerntet wurden.

Die Bienen, die Pflanzen bestäuben und nahrhaften Nektar herstellen, galten als Botinnen der Großen Mutter. Jericho war als Oase Zeichen des Wohlwollens der Göttin, weil sie mitten in der Wüste Milch und Honig gewährte, und wie Bienen eine Königin brauchen, damit der Schwarm weiterlebt und Honig produziert, erwarteten die Menschen Jerichos Schutz und Überfluß von ihrer Königin. Später wurde Demeter die reine Bienenmutter genannt; ihre Priesterinnen hießen *melissae* (lat. »Bienen«). Gräber in Form von Bienenkörben wurden in Griechenland und Irland gefunden, und auch dort werden sie der Göttin zugerechnet. Die Menschen, die Jericho errichteten, nutzten die Symbolgestalt der Göttin, damit sie in der sakralen Form der Architektur anwesend war.

In Çatal Hüyük in der Türkei, das Anfang der sechziger Jahre von James Mellaart ausgegraben wurde, finden sich verblüffende Hinweise auf eine Bevölkerung, die die Göttin verehrte. Die Blütezeit liegt zwischen 6500 und 5700 v. Chr., drei- bis viertausend Jahre vor den berühmteren Städten Mesopotamiens. Allen Anzeichen nach wurden über acht Jahrhunderte lang weder Kriege geführt noch Waffen gefertigt. Der Ort wurde schließlich verlassen; nichts deutet auf Gewalt hin. Von den 139 ausgegrabenen Räumen in Çatal Hüyük sind 48 Schreine der Göttin. Sie lassen ein geordnetes Ritual erkennen, in dessen Mitte Geburt und Tod stehen. Große Reliefs zeigen die Göttin, die Stiere gebiert, ein Wandbild stellt Geier dar, die sich auf Tote stürzen. An den Wänden befinden sich in Stuckreliefs von Brüsten die Schädel von Ebern, Geiern, Füchsen und Wieseln: anstelle der Brustwarzen ragen Zähne, Hauer oder Schnäbel hervor. Die gezähnten Brüste verkörpern womöglich das nährende und verschlingende Wesen der Muttergöttin, da ja alle ihre Kinder in sie zurückkehren. Es handelt sich wahrscheinlich um die Totemtiere der einzelnen Clans, die die Seelen im Tod ins Jenseits geleiten. Vor der Bestattung wurden die Leichen liegengelassen, damit die Geier sie fraßen.

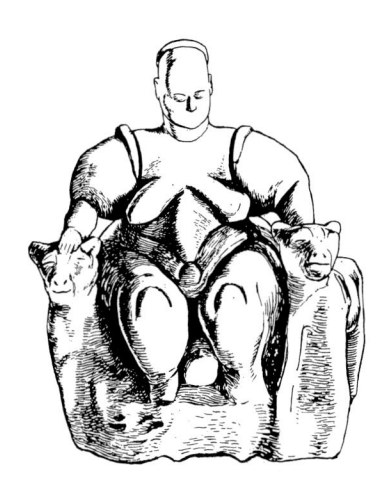

Tonstatuette der thronenden Göttin mit Leoparden, aus einem Schrein in Çatal Hüyük – vielleicht die früheste Darstellung der Kybele als Herrin der Tiere (Zeichnung Grace Huxtable).

Wir haben hier einen Hinweis auf den Zusammenhang von Geier, Reinigung und Wiedergeburt. Im damaligen Denken war der Geier ein widersprüchliches Symbol und verkörperte die beiden Aspekte der Großen Mutter: Tod und Zerstörung, und – wie in der ägyptischen Isis – mütterliche Sorge.

Die Verbindung der Göttin mit wilden Tieren wird auch in einer Terrakottafigur aus Çatal Hüyük (etwa 5 750 v. Chr.) deutlich, die Göttin als Herrin der Tiere, vielleicht die früheste Darstellung der Göttin Kybele. Sie sitzt auf einem Thron, scheint zu gebären; Brüste, Hüften, Bauch sind riesig. Ihre Hände ruhen liebevoll und selbstsicher auf den Köpfen zweier Leoparden an ihren Seiten. Als Herrin der wilden Tiere ist sie eins mit der Natur und kann Freundin der ungezähmten und gefährlichen Geschöpfe sein. Dieses Motiv kehrt über Jahrtausende in jeder Kultur wieder: die Göttin mit ihren wilden Löwen, Wölfen, Rehen, Schlangen, Vögeln und Bären, die ihr zu Diensten sind. Womöglich war sie anfänglich die Mutter eines Clans, die tatsächlich junge Leoparden säugte, so wie die Ainu in Japan Bärenjunge säugen und aufziehen. Die Tiwi in Australien bringen ebenfalls verwaiste Tiere ins Lager und säugen sie. Wenn das Tier die Nacht überlebt, gehört es mit zum Clan, erhält einen Namen und wird nach seinem Tod rituell bestattet. Sicher ist, daß die Göttin als Herrin der Tiere ein großes Vermächtnis hinterließ: sie wurde zur Kybele, von Löwen begleitet, in Griechenland zur Artemis mit ihren Hunden. Sie stand als Prophetin mit schlangenumwundenen Armen vor den Tempeln, und Hekate bewachte die Wegkreuzung mit ihrem schwarzen Hund. In der Neuen Welt bringt die Weiße Büffelfrau den Prärieindianern die Botschaft der Erlösung. Im Südwesten erschafft die Spinnenfrau die Welt und erhält das Leben durch ihr Weben und Spinnen. Und auf Hawaii wird die Vulkangöttin Pele immer noch gesehen, wie sie vor einem Ausbruch mit ihrem weißen Hund über die Lava schreitet.

In Çatal Hüyük entdecken wir zum ersten Mal die Göttin in ihrem dreifachen Aspekt als Jungfrau, Mutter und Alte. Bis dahin war die Göttin als die eine fruchtbare Mutter und Frau dargestellt worden, die alles enthält, alles der Quelle des Lebens zurückgibt. Die wachsende Einsicht der Menschen in die lineare Natur der Zeit – Vergangenheit, Gegenwart, Zukunft – fand ihren Weg in das Weibliche. Das kollektive Denken begann sich zu verlagern und schuf eine mehr individualisierte Sicht, eine Wahrnehmung der Welt in der Zeit. Der Impuls, die Große Göttin in immer deutlicher gefaßte Einzelaspekte aufzuteilen, blieb Jahrtausende erhalten; jede ihrer Facetten wurde zu einer eigenständigen Göttin. Die Frauen von heute sehen die Göttin als psychologisches Puzzle vor sich, in dem Dutzende von »Archetypen« zusammenzusetzen sind, damit der gesamte Bereich des Weiblichen neu entsteht. Das Seltsamste in Çatal Hüyük ist vielleicht, daß keine phallischen Bilder oder Vulvas erscheinen. Mellaart zieht den interessanten, aber nicht ganz überzeugenden Schluß, dies sei so, weil die Frau der Jungsteinzeit die Urheberin der Religion war, und Sex in der Kunst gewöhnlich dem männlichen Impuls zugerechnet wird. Statt dessen verkörpern dort Brust, Nabel und schwangerer Bauch das Weibliche, während Stier, Widder und Hörner das Männliche symbolisieren. Die Bedeutung der Göttin in Çatal Hüyük kann nicht hoch genug angesetzt werden, und trotzdem deutet nichts auf eine Vorherrschaft über das Männliche hin, da sie stets von Stieren, Widdern oder Hirschen begleitet wird. Eine Skulptur stellt ein sich umarmendes Paar dar, daneben eine Mutter mit Kind, und so war die Rolle des Mannes bei der Empfängnis vermutlich schon in dieser frühen Zeit bekannt.

Dreihundert Kilometer entfernt von Çatal Hüyük liegt die Ausgrabung von Hacilar (etwa 5600 v.Chr.). Neben Hunderten schön verzierter und bemalter Tonscherben fanden sich wunderbar stilisierte Skulpturen der Göttin. Alle menschlichen Figuren von Hacilar stellen Frauen oder Göttinnen dar. Wir erkennen sie deutlich als Jungfrau, die einen langen Zopf trägt, als Mutter mit einem Kind an der Brust, als alte Frau mit Hängebusen und einem Haarknoten im Nacken. Wieder erscheint die Göttin mit Leopardentotem, auch in sitzender Haltung in Begleitung einer weiteren Göttin oder eines Kindes. In Çatal Hüyük gibt es viel mehr Stiere als andere Tiere, und offenbar waren männliche und weibliche Energien im Gleichgewicht. Mellaart schreibt: »Eins zeigt die Religion von Hacilar ganz deutlich, nämlich die Vorherrschaft der Frauen.« Hacilar wurde um 5250 v.Chr. vermutlich durch Feuer zerstört, war gegen 5000 verlassen und wurde nie wieder besiedelt.

Marija Gimbutas konnte in ihrem bahnbrechenden Werk *The Goddesses and Gods of Old Europe* eine eigenständige jungsteinzeitliche Kultur und hochentwickelte Zivilisation in Südosteuropa glaubhaft machen (7000–3500 v.Chr.), die von der Tschechoslowakei und der Ukraine zum Schwarzen Meer und bis zur Ägäis und Adria reichte. Auf dem Balkan bildete sich das Volk der Thraker heraus, das spätere Entwicklungen in Mesopotamien und im minoischen Kreta beeinflußte. Es war nicht, wie früher angenommen, Rest einer Kulturwelle aus dem Nahen Osten, sondern Teil einer Tradition, die weit in die Altsteinzeit zurückreichte und anscheinend späteren Entwicklungen im Nahen Osten vorausging. Wieder wird die Bedeutung des weiblichen Prinzips des Lebens und der Fortpflanzung betont, aber im Gegensatz zu Çatal Hüyük sind hier Schlange und Vogel die wichtigsten Attribute der Großen Göttin.

Die Göttin war den Schlangen immer wohlgesinnt und wird auf der ganzen Welt mit ihnen in Zusammenhang gebracht, auch mit dem Vogel, der sich in höhere Sphären aufschwingt. Der Zusammenhang von Schlange und Vogel gehört zu den alten schamanischen Ritualen der Ekstase, in denen die Eingeweihten das Erwachen der eingerollten Schlange erleben, die an der Wurzel der Wirbelsäule ruht. Sie steigt dann den Lebensbaum des Körpers hinauf, durch den Stamm des Zentralnervensystems, und wandelt sich zu einem Vogel, der aufliegt und den Schamanen in die Welt der Götter trägt. Der Wandlungsaspekt der Schlange mit ihren Schuppen und des Vogels mit seinen Federn tritt am deutlichsten in der Sage der Maya von der gefiederten Schlange Quetzalcoatl zutage. Außerdem kann die Schlange die Haut ganz abstreifen und findet sich so wiedergeboren – ein Spiegelbild der Kraft der Göttin, sich zu erneuern. In Ägypten wurde der Vogelaspekt der Energie der Göttin zur Geiergöttin Nekhbet, die als Schutzherrin der Geburt verehrt wurde. Ihr entsprach als Schlange die Kobra Ua Zit, die die Pflanzen auf dem Land grünen ließ. Zusammen wurden sie Teil der königlichen Insignien und hießen die »Zwei Herrinnen«, die Ober- und Unterägypten vereinigten und schützten.

In Indien sind zwei vorarische Kulturen wahre Fundgruben, was die Bedeutsamkeit der Verehrung der Göttin betrifft. Im Tal des Indus entwickelten sich zwei ziemlich große Städte: Mohenjo-Daro und Harappa, 600 Kilome-

Die Göttin des minoischen Kreta, gütige Schutzherrin des Heims, in den Händen ihre treuen Schlangen – Symbole der Unsterblichkeit und Erneuerung. Auf dem Kopf hält ein Vogel Wacht.
(Knossos, um 1600–1580 v.Chr.)

Stangenaufsatz aus Bronze (Luristan), mit deutlichem Hinweis auf den Zusammenhang von Fruchtbarkeit und Mond, den die Hörner des Steinbocks versinnbildlichen.

ter entfernt im Punjab. Sie entstehen zwar erst später, im 3. Jahrtausend v. Chr., entsprechen aber entwicklungsmäßig dem, was in Europa und im Nahen Osten geschehen war. Wieder ist die Große Muttergöttin die wichtigste Gottheit. Der Ackerbau ist vor allem auf Fruchtbarkeit angewiesen, und die vielen, in beiden Städten gefundenen Figuren, sind fast ausschließlich weiblich. Sir John Marshall teilt sie in drei Grundtypen ein: Muttergöttinnen mit einem Kind auf den Armen oder Schwangere; vogelköpfige Göttinnen mit den Händen auf der Brust; und halbnackte Figuren mit kunstvollem Kopfschmuck aus Mondsicheln, um die Hüften einen Gürtel, mit Halsketten und Ohrringen. Außerdem wurden Figuren ausgegraben, die die Schreckliche Mutter mit Totenschädelgesicht darstellen, die Göttin, die das Leben verschlingt. Einige Figuren zeigen die Yoni oder Vulva, andere die Göttin mit so etwas wie Ziegenhörnern auf dem Kopf – dem globalen Symbol der Erneuerung, das oft mit der Mondsichel in Verbindung gebracht wird. Auf Siegeln, wie sie später auch in Mesopotamien und auf Kreta anzutreffen sind, ist die Große Mutter auch mit dem Lebensbaum zu sehen, oder wie sie Tiere hält.

Im Lauf der Entwicklung dieser Kulturen nahmen auch die kunstvollen Befestigungen der Städte zu. Nach tausend Jahren kontinuierlicher Entwicklung von Kunst, Architektur, Töpferei und Stadtplanung gingen die verfeinerten Kulturen der dravidischen Völker von Harappa und Mohenjo-Daro mit der Ankunft der patriarchalen arischen Eindringlinge um 1700 v. Chr. unter. Das Kastensystem der Arier oder Brahmanen, das Mischehen von »Söhnen des Lichts« mit den dunkelhäutigen Draviden verbot, führte ironischerweise dazu, daß die Göttin in Indien bis heute überlebt hat – denn die ursprünglichen Bewohner hörten nie auf, die Große Göttin in all ihren Erscheinungsweisen zu verehren.

Jede dieser frühen Kulturen verblüffte die archäologische Welt. Das lag nicht nur an den vielen Figuren der Göttin oder der besonderen Rolle, die das Weibliche dort spielte, sondern am Grad der Verfeinerung, die Kunst und Lebensweise erreicht hatten. Noch verblüffender war der Zeitraum, in dem sich beide Kulturen in Frieden entwickelt hatten – eine ungestört friedliche Epoche, die über tausend Jahre währt, ist dem modernen Denken leider fast unvorstellbar. Diese frühen ackerbauenden Siedlungen hatten sich etwas aus der Steinzeit bewahrt: eine tiefe Ehrfurcht vor dem Leben und der weiblichen Gottheit, die Fülle, Fruchtbarkeit und Wachstum in allem offenbarte, was sie berührte. Die anscheinend egalitäre und nicht-hierarchische Struktur dieser Kulturen läßt an das denken, was J.J. Bachofen als die wesentlichen Eigenschaften einer matriarchalen Gesellschaft ansah.

Was verursachte den Niedergang dieses harmonischen Modells des Zusammenlebens und ließ Aggression und Rivalität hochkommen, die die zunehmend gewalttätigen Kämpfe des zweiten Jahrtausends und die endlosen Konflikte bis heute bestimmten? Die Antwort liegt ironischerweise vielleicht genau in der Entwicklung des Ackerbaus, die der Menschheit so viel zu bieten schien. Die Auswirkungen des frühen Ackerbaus können immerhin als »jungsteinzeitliche Revolution« bezeichnet werden, und gewöhnlich wird angenommen, daß sie von den Frauen ausging, die mit den Pflanzen und den Rhythmen der Natur vertraut waren. Vielleicht aber bereiteten die Frauen mit dieser Entwicklung den Boden für ihre spätere Unterdrückung. Denn obwohl der Ackerbau allgemein als wichtiger Durchbruch gesehen wird, dürfen dabei die Jahrzehntausende nicht vergessen werden, als die Menschen Nomaden waren und sich mit Hilfe ihrer genauen Kenntnisse der Pflanzen, Tiere und jahreszeitlichen Veränderungen die Nahrung sicherten. Mit dem Ackerbau begann das ökologische Gleichgewicht zu leiden, und als die Bevölkerung wuchs, setzte der Raubbau an der Natur ein. Dürre, Hungersnot, Überschwemmungen und Schädlingsbefall hatten zum ersten Mal spürbare Folgen. Überschuß wurde ein Schutz vor möglichen Katastrophen; Zeit und Zukunft erhielten eine neue Bedeutung. Die Menschheit war aus dem Garten der Unschuld vertrieben.

Die Domestizierung der Tiere war wesentlicher Bestandteil der jungsteinzeitlichen Revolution, und hier liegt der Ursprung des Vaterrechts. Die Tierzucht brachte die klare Erkenntnis der Rolle des Mannes bei der Entstehung des Lebens, und die Herrschaft über die Tiere ließ allmählich den Wunsch aufkommen, auch die Frauen und die Göttin zu »domestizieren«. Wichtig bei der Tierhaltung sind Tötung oder Kastration der männlichen Tiere, die nicht gebraucht werden. Die Ursprünge des Heiligen Stiers gehen zweifellos auf die Praxis zurück, einen starken Stier auszuwählen, der die ganze Herde besamt, während die anderen männlichen Tiere eliminiert werden. Für die Männer muß dies ein Moment der Unruhe gewesen sein, die Quelle dessen, was Freud den »Kastrationskomplex« nennt. Undenkbar, daß die Männer die Idee der Auswahl bei der Zucht nicht auf sich selbst anwendeten, und dies löste den Jagdverband der Männer weiter auf – bestimmte Männer setzten sich durch, andere waren gezwungen, sich der aggressiveren Herrschaft ihrer Brüder zu fügen. Das Verschneiden der Tiere wurde schon bald in die Rituale der Beschneidung der Knaben verkehrt. Vom Heiligen Stier ist es nur ein kurzer Schritt zum Königstum von Gottes Gnaden. Früher waren die Tiere als Verwandte, als Bruder oder Schwester gesehen worden, wie die Clans mit ihren Totemtieren zeigen. Mit der Domestizierung wurden die Tiere in gewissem Sinne die ersten Sklaven. Unter dem Einfluß der Tierhaltung, des Ackerbaus mit dem Pflug und der Bevölkerungszunahme wurden andere Dinge wichtig. Austausch von Überschuß und gefragten Gütern ließ in den neu entstehenden Stadtstaaten Gesellschaftsschichten und eine Politik entstehen, die zentralistischer dachte. Reichtum an sich wurde begehrenswert. Der Besitz von Sklaven war grundlegendes Maß von Reichtum und Macht.

Die altehrwürdige Rolle der Frau wurde allmählich volkommen geändert. Die Weitergabe des Lebens und die ihr innewohnende Freude, wie sie sich in der Göttin Shakti und der Geburt der Lust zeigt, der Tochter von Psyche und Amor, wurden nun geflissentlich übersehen. Die Göttin als Lust des Lebens offenbart die Freude, die Körper, Denken und Geist erfüllt, das sinnliche Gefühl des Wohlbefindens und der Bezogenheit, das freudigen Einklang und Einverständnis schafft. Früher waren Fortpflanzung und Fruchtbarkeit eins gewesen: die Frauen schufen die Verbindung zwischen den Ahnen und den zukünftigen Generationen, weil das Leben durch sie weiterströmte. Mit dem Bewußtsein der Vaterschaft, das mit der Domestizierung der Tiere einherging, begann man, die Frau als Gefäß für den Samen des Mannes zu sehen. Die Schaffung des Lebens wurde nun zur »Produktion« umgewandelt. Als die Männer zu den Zeugern wurden, hatten die Frauen wie die Kühe ihren heiligen Stier-König. Das Weibliche wird vom Männlichen zum ersten Mal sublimiert, und das Erbrecht bleibt nicht länger in der mütterlichen Linie, sondern geht vom Vater auf den Sohn über. Bachofen spricht im Zusammenhang mit der patriarchalen Umkehrung vom »zeugenden Vatertum« als »einer bloßen Fiktion«.

Bis dahin war Sex lustvoll, ohne gesellschaftliche Herabsetzung. Es gab weder uneheliche Kinder noch »unzüchtige« Frauen, weil die Vaterschaft kein Wert an sich war. »Das Kind von einem ist das Kind von allen«, singen die Ibo in Afrika. Zur Lust gehörte sicher auch ein mystisches Element, denn uns sind aus klassischen Zeiten Berichte über heiligen Sex oder Tantra überliefert. Von den dionysischen Feiern Griechenlands bis zu den tantrischen Tempeln Indiens wird das Lob des Orgasmus und seiner transzendierenden Eigenschaften gesungen. Die Geburt der »Zivilisation« bringt das Vaterrecht und die Unterdrückung der Sexualität der Frauen und Männer. Ein Missionar rügte einen Montagnais-Indianer, weil der seine Frau, die mit einem anderen schlief, nicht davon abhielt, und sagte: »Wie willst du wissen, ob ihre Kinder von dir sind?« Der Indianer antwortete: »Du hast keinen Verstand. Ihr Franzosen liebt nur die eigenen Kinder, doch wir lieben alle Kinder unseres Stammes.«

Die göttliche Umarmung

»O meine Königin, Königin des Universums, Königin, die das Universum umfaßt, möge sich der König langer Tage an deinem heiligen Schoß erfreuen.«

Sumerischer Text

Mit der Entwicklung der Schrift im Fruchtbaren Halbmond – die Landschaft um Euphrat und Tigris – erfahren wir nun die Namen und Titel der Göttin. Die Bildwerke müssen nicht mehr als »Fruchtbarkeitsfiguren« bezeichnet werden. In Babylon heißt sie Ischtar, bei den Phöniziern Astarte oder Aschtoret, in Kilikien wird sie Ate genannt, in Indien Aditi.

In einer Kultur nach der anderen tritt die Göttin unter einer Vielzahl von Namen auf: ihr Pantheon, ihr Bereich sind unermeßlich. Unsere frühen Vorfahren waren Polytheisten und Pantheisten: es gab nicht die eine allmächtige Gottheit, sondern eine Göttin mit vielen Facetten, die mit Namen angerufen wurde, um den Menschen das Nötige zu gewähren. Überall waren ihre Schreine zu finden, denn überall ist ihre Wohnstätte, neben dem Herd, am heiligen Brunnen, der Quelle, die erquickendes und heilendes Wasser spenden, im Hain, dessen Bäume den Dom der Natur bilden, in der tiefsten Höhle, auf dem höchsten Berg. Pflanzen und Tiere, Mond, Sonne und Sterne, der Fluß, der ins Meer strömt, der Ozean selbst: alles gehörte zu ihrem Bereich. Alles war der Göttin heilig. Alles wurde als Teil der Großen Mutter und daher mit uns verwandt gesehen.

Im alten Ägypten war die Göttin immer eine wichtige Gestalt der Götterwelt. Die Geiergöttin Nekhbet wurde in Nut, den Himmel, und Neit differenziert (eine der Vorgestalten der griechischen Athene), die von Ewigkeit an war, die Welt schuf und den Sonnengott Ra an den Himmel setzte. In der bekanntesten ihrer vielen Formen war sie die geflügelte Isis, gepriesen als die »Älteste der Alten«, die Heilkunst, Ackerbau, Gesetz und Recht und selbst das Königstum einführte. Ihr Name bedeutet nämlich »Thron«, und durch sie erwarben sich die Pharaonen das Recht zu herrschen, denn in Ägypten gingen alle Besitzrechte von den Müttern auf die Töchter über. Die antiken Geschichtsschreiber Herodot und Diodor lassen erkennen, daß die Vorherrschaft der Göttin Hand in Hand mit der Bedeutung ging, die den Frauen im ägyptischen Leben zukam.

Bäume sind der Göttin seit langem heilig: die Feige war der Ischtar heilig, die Palme war Wohnort der Astarte, die Weide war Sinnbild des jungfräulichen Aspekts der Hekate. Hier teilt die ägyptische Erdmutter als Baum des Lebens Speise und Trank der Unsterblichkeit an Andächtige aus (Wandbild, 13. Jh. v.Chr.).

Die Geschichte der Großen Göttin Kybele, Kybebe oder Kubaba reicht in Anatolien bis in die Jungsteinzeit zurück. Dort war sie die Berggöttin, »Schöpferin aller Dinge«. In der klassischen Antike berichtet ihr Mythos, sie sei in ihrer heiligsten Epiphanie als Meteor vom Himmel gefallen, oder sie wird als androgynes Wesen geschildert. Es war so gefährlich, daß es mit Wein betäubt und kastriert werden mußte. Der Name findet sich wieder in der elamitischen Göttin Humban, im babylonischen Dämon Humbaba, auch »Festung der Eingeweide« genannt. Ihr Name scheint wie ihr Wesen aus zwei Elementen zusammengesetzt: Ku, wie bei der indischen Göttin der Fortpflanzung, Kunti, und Baba, was Baby, Dildo und Phallus bedeutet.

In Sumer hieß die Göttin Inanna und thronte in Nippur, dem geistig-kulturellen Zentrum des Reiches. In ihr sehen wir die Muttergöttin, die alle Sterblichen in ihrer Höhle von Tod und Wiedergeburt aufnahm, in eine himmlische Macht verwandelt, die vom »großen Oben ins große Unten« herabsteigt, um die Lebenskraft aus der Unterwelt zu retten. In den frühesten sumerischen Geschichten wird ihre schöpferische Kraft der Herrin des Berges Ninhursag zugeschrieben, »Die den Toten Leben gibt«, und die auch Mah, Ninmah, Nintu und Aruru heißen kann. Es ist ihr Bild, das wir in den frühesten Gräbern bei Ur finden, Tonfiguren einer Frau, die manchmal ein Kind trägt. Gelegentlich wird sie von einer männlichen Gestalt in langem Gewand begleitet, dem Vegetationsgott Dumuzi, der als ihr Sohn, Bruder oder Geliebter gilt, und dessen Tod zuerst von Ninhursag, dann von Inanna, Ischtar, Kybele und schließlich der Jungfrau Maria betrauert wurde.

Frühe Siegel zeigen die Göttin allein in eine unterweltliche Höhle gesperrt, ein Schicksal, das später in Babylonien den Sturmgott Marduk traf. Auf 4000 Jahre alten Tafeln lesen wir vom Abstieg der Inanna, Göttin der Heiligen Liebe, des Morgen- und Abendsterns. Die Hymne ist Vorläufer vieler Hymnen späterer Kulturen. Sie schildert die heilige Hochzeit, als Inanna ihren Geliebten Dumuzi in ihr Bett ruft:

> Er formte meine Lenden mit seinen schönen Händen,
> Der Hirt Dumuzi füllte meinen Schoß mit Sahne und Milch,
> Er streichelte mein Schamhaar,
> Er wässerte meinen Leib.
> Er legte seine Hände auf meine heilige Vulva,
> Er glättete mein schwarzes Boot mit Sahne,
> Er belebte mein enges Boot mit Milch,
> Er liebkoste mich auf meinem Bett.
>
> Nun will ich meinen Hohepriester auf dem Bett liebkosen,
> Ich will den treuen Hirten Dumuzi liebkosen.
> Ich will seine Lenden liebkosen, die Hirtenschaft des Landes,
> Ich will ihm ein süßes Schicksal bestimmen.

Nach der heiligen Hochzeit verläßt Inanna alle Tempel im Land, um in die unterweltlichen Riten ewiger Wandlung und Verjüngung eingeweiht zu werden. Sie muß in die Dunkelheit, durch sieben Tore der Initiation, bevor sie in die Welt oben zurückkehrt. In der Unterwelt blickt Inannas Spiegel, die dunkle Schwester Ereschkigal, sie mit dem Auge des Todes an.

Inanna wurde zu einem Leichnam,
Ein Stück verwesendes Fleisch,
Und hing von einem Haken in der Wand
Drei Tage und Nächte.

Darauf ersteht die Göttin mit Hilfe ihrer Dienerin Ninschubur von den Toten wieder auf. Sie ist die erste, die aus der Unterwelt zurückkehrt. Das Epos der Inanna ist der älteste erhaltene Mythos, der allen zeigt, daß Tod und Auferstehung möglich sind, daß der mystische Tod, solange wir lebendig sind, in diesem Leben zur Befreiung führt. Dieses Motiv von Einweihung, Tod und Auferstehung wurde in Babylon mit der Göttin Ischtar, in Griechenland mit Persephone und Demeter, später mit Dionysos, und letztlich im Neuen Testament wieder aufgegriffen.

In Sumer hatten die Frauen ursprünglich Macht in der entstehenden priesterlichen Hierarchie, und es gab mehr Priesterinnen als Priester. In der sumerischen Theokratie waren religiöse und politische Führerinnen eins. Künste, Erziehung, Schrift, Wissenschaften und Buchhaltung wurden von der Göttin Nidaba regiert, die Medizin von der Göttin Gula. Doch die zunehmend hierarchisch gegliederte Gesellschaft und die allmähliche Zentralisierung der Macht aufgrund der Bevölkerungszunahme unterhöhlten die egalitären, auf die Mutter ausgerichteten Sippen der alten Ordnung und machten die Niederwerfung der Himmelskönigin möglich. Die Rolle der Göttin und der Frauen wurde geschwächt, als Männer die Macht in den Stadtstaaten übernahmen und sie zu immer größeren Reichen vereinigten. Die Elite mit ihren Einrichtungen bediente sich schon bald der Priesterinnen und Königinnen als Marionetten, um das Königstum von Gottes Gnaden durchzusetzen.

Diese Machtverschiebung spiegelt sich in den damaligen Mythen wider, in denen die Beziehung von Göttin und Sohngeliebtem, die das Epos der Inanna zum ersten Mal festhält, benutzt wird, die höchste Weltmutter in die Frau/Mutter des aufstrebenden Gottes/Königs umzuwandeln. Der Vorgang zeigt sich z.B. deutlich bei der Göttin Humban von Elam. Im 3. Jahrtausend v.Chr. wird ihr Gefährte Inschuschinak »Vater der Schwachen« genannt. Mitte des 2. Jahrtausends wurde Elam offenbar von politischen und religiösen Veränderungen ergriffen, den nun heißt er »Götterkönig«, und im 8. Jahrhundert v.Chr. ist er der »Schutzherr der Himmels- und Erdgötter«. Die Bedeutungsverlagerung fort von der Mutter aller Wesen hin zum erhabenen Helden wird in der Geschichte der Tiamat besonders klar. Sie war das Formlose, aus dem die Schöpfung hervorging, die Dunkelheit vor dem Licht, und wurde Chaos genannt. Sie war die Mutter der weiblichen Elemente Wasser, Dunkelheit, Nacht und Ewigkeit. Im 1. Buch Mose heißt sie Tehom, die Tiefe. Die Araber nennen das Rote Meer Tiamat, und nach Barbara Walker ist es das Sammelbecken des Menstruationsbluts der Tiamat, das drei Jahre und drei Monate floß. Bei den Sumerern waren sie und ihre Sippe friedvolle, gütige Gottheiten, die die Menschen schufen und weder Mühsal noch Opfer forderten. Mit den Akkadern ändert sich alles: sie wird zur riesigen, gräßlichen Drachengestalt. Entscheidend ist, daß sie als erste von ihrem Sohn Marduk erschlagen wird, der eifersüchtig auf seinen Bruder Kingu wurde, der zum Gefährten erwählt war. In einem Wutanfall tötet er Tiamat und zerteilt das Firmament. Im *Enuma Elisch* des 2. Jahrtausends v.Chr. heißt es, daß Marduk die Tiamat nach dem gemei-

Sumerisches Gefäß (um 2700 v.Chr.), dessen Relief vielleicht die Göttin Tiamat flankiert von Schlangen und Leoparden zeigt. Unter dem Druck des Patriarchats wandelte sie sich von einer gütigen Gottheit in den Drachen des Chaos, den der eigene Sohn Marduk erschlug.

nen Mord »wie ein Schalentier in zwei Hälften spaltete, eine als himmlisches Dach nach oben setzte, mit einem Querriegel befestigte, und Wächter aufstellte, damit ihre Wasser nicht ausfließen«. Aus dem Körper der erschlagenen Muttergöttin schuf der Kriegsgott die Welt, kein schöpferischer, sondern ein Akt des Muttermords.

Sobald der schöpferische Geist als männlich aufgefaßt war, wurden die zahlreichen Göttinnen und Götter von früher dem einen, allerhöchsten Gott einverleibt. Der Sohn/Gefährte der Göttin bereitete so nicht nur für den Abschied des geheiligten Weiblichen die Grundlage, sondern auch für das Erscheinen des Monotheismus. Bald sollte ein einsamer Gott mechanisch eine Welt schaffen, den Mann aus Erde, die Frau aus dessen Rippe. Diese Anmaßung der natürlichen Fähigkeit der Göttin zu gebären und ihre Verdrehung in eine Schöpfung als Willensakt, in dem die männliche Energie als alleinige und allmächtige Kraft verantwortlich ist, stellt die zweite Sublimierung des Weiblichen durch das Männliche dar. Nun wurde die Muttergöttin, die das kosmische Ei gebar, verfolgt und geschmäht; ihre Tempel wurden zerstört, ihre Anhänger getötet.

Söhne des Lichts

Ich bin gekommen, die Werke des Weiblichen zu zerstören.

Ägypterevangelium

Die Göttin wurde nicht nur aufgrund der Veränderungen der Gesellschaftsstruktur entthront. Über Tausende von Jahren hatten sich Gruppen von Eroberern von Norden her in den Süden vorgearbeitet. Diese aggressiven und kriegerischen Völker, die als Arier oder Indogermanen, Kunda oder Kurgan bezeichnet werden, stammen vermutlich aus Rußland oder dem Kaukasusgebiet. Sie können auch viel früher im Altpaläolithikum in Nordeuropa, besonders in Dänemark entstanden sein. Wir wissen nur, daß Wellen von Wanderungen aufeinanderfolgten, die als erstes schon im 5. Jahrtausend das Zentrum der Vinča-Kultur erreichten, wo die Göttin verehrt wurde. Nach Marija Gimbutas zerstörten sie dort die früheste Blüte der Kultur im alten Europa.

Die Arier werden häufig als bärtige Krieger dargestellt, mit Pferdewagen und eisernen Streitäxten. Ihre vernichtendste Waffe aber war der Vatergott, den sie mit sich brachten, und der heilige Krieg, den sie gegen die Göttin führten. Im Gegensatz zur uralten Großen Mutter der nachtschwarzen Höhlen der Altsteinzeit und den schoßartigen Schreinen von Çatal Hüyük war ihr Gott ein Gott des Lichtes, eine Flamme auf dem Berg oder am leuchtenden Himmel. Einige Autoren vermuten, das Bild einer solchen Himmelsgottheit könnte aus Vulkanausbrüchen abgeleitet sein, aus der gewaltigen Zerstörung, die sie mit Feuerregen und Lava bringen. Womöglich waren es auch Meteorschauer vom Himmel, die die Vorstellungskraft von der Erde weg zum ehrfurchtgebietenden Himmel wandten. Wohin sich die Arier ausbreiteten, die Erzfeinde ihres Gottes waren die Muttergöttin und ihre polytheistischen, animistischen Völker.

Die Entthronung der Göttin verlief nach einem einfachen Muster. Ihr zur Seite stand schon der Sohngeliebte, der die Rolle des Herrn der Tiere angenommen und an vielen Orten den Thron als König bereits besetzt hatte. Eine Taktik, die Göttin völlig aus dem Kreis der Gottheiten zu vertreiben, bestand darin, sie in eine Dämonin zu verwandeln, ein Schlangenungeheuer, einen

Drachen. Wenn von einer Schlange oder einem Drachen gesprochen wird, können wir davon ausgehen, daß es sich um ein Bild für die alte Religion der Göttin handelt. Im indisch-arischen *Rig Veda* wird geschildert, wie der Herr des Berges Indra die »Schlangendämonin« tötet, die Göttin Danu. In Babylon ermordet Marduk, der »Sohn der Sonne«, seine Drachenmutter Tiamat, und der hebräische Gott Jahweh vernichtet den Leviathan. Typhon und Python, die Söhne der Gaia, werden vom Berg- und Sturmgott Zeus und vom Sonnengott Apollo getötet. Legenden vom Heiligen Patrick, der die Schlangen aus Irland vertreibt, und vom Heiligen Georg, der den Drachen tötet, zeigen dasselbe Motiv.

Da die männliche Gottheit als Lichtträger gesehen wurde, setzte man im Kampf gegen die Göttin listigerweise die Dunkelheit der Höhle und des Mutterleibs mit dem Bösen gleich, und bald tobten in der zivilisierten Welt die Schlachten zwischen den Mächten des Lichts und der Finsternis. In der Praxis versuchten die patriarchalen Eroberer ihre Autorität so durchzusetzen, daß sie die Frauen als Priesterinnen aus den Tempeln wiesen, ihnen jede führende Stellung in der Gesellschaft vorenthielten und das Vaterrecht zu festigen suchten. Blieb dieses Vorgehen erfolglos, was häufig geschah, griff man zum Völkermord.

Die Verwandlung der Göttin von der reichen Quelle des Lebens zur Feindin des neuen Gottes hatte eine perfide Auswirkung: wenn die Göttin und ihr Reich der feuchten Dunkelheit böse waren, so waren alle Frauen von Geburt an böse und Missetäterinnen. Die logische Schlußfolgerung dieses Denkens wird in der Welt der Patriarchen, die Jahweh verehrten, am deutlichsten offenbar. Die Rolle der Mutter wird entwertet; an ihre Stelle tritt die Zeugungskraft des Mannes, der fruchtbare »Samen«, von Gott gesegnet, als könne er allein Leben zeugen. Die Reinheit des Samens muß durch die Jungfräulichkeit der Braut sichergestellt sein, und so wird die Ehe als Institution Gottes Wille. Der Bund mit dem Herrn bringt die absolute Unterwerfung unter den Willen Gottes und mit ihr die Pflicht der Frau, sich ihrem Mann unterzuordnen.

Die Eroberer versuchen nicht mehr, ihre Götterwelt mit der der »Gastgeber« zu verschmelzen. Im 5. Buch Mose befiehlt Jahweh seinem Volk: »Zerstöret alle Orte, da die Heiden ihren Göttern gedient haben, es sei auf hohen Bergen, auf Hügeln oder unter grünen Bäumen, und reißet um ihre Altäre, und zerbrechet ihre Säulen, und verbrennet mit Feuer ihre Haine, und die Bilder ihrer Götter zerschlaget, und vertilget ihren Namen aus demselben Ort.« Die Göttin hält man für ein Greuel, alle natürlichen Funktionen des Lebens für »unrein«. Nach dem 3. Buch Mose muß eine Frau, die geboren hat, rituell gereinigt werden, um nicht die Menschen in ihrer Nähe zu beflecken. Welcher Unterschied zu Çatal Hüyük, wo die Göttin an der Tempelwand zu sehen war, wie sie gebar, und ihr gegenüber an der anderen Wand befand sich der Stier, das Symbol des Mannes! Die Frauen wurden herabgesetzt auf die Ebene von Zuchttieren, und ihre Herren waren es allein, die sie besamen durften. Sexuelle Lust fordert nun den Zorn Gottes heraus.

Die neue Ordnung der Patriarchen Jahwehs, die im Namen der Moral eingerichtet wurde, ließ viel zu wünschen übrig, und doch beruht der Sittenkodex des Westens auf der Bibel, deren Gott willentlich das Universum schuf und den »Menschensöhnen« auftrug, sich die Erde und alle Geschöpfe untertan zu machen. Frauen, Tiere, Naturreichtümer und selbst die

Mutter Erde sollten von einem System vereinnahmt werden, in dem es auf Gewinn und Vermögenswerte ankam. Die Frauen und die Göttin wurden von den Entscheidungsprozessen ferngehalten; im Allerheiligsten des Tempels waren in Zukunft nur Männer zugelassen.

Die patriarchale Umkehrung

Nicht ist die Mutter ihres Kindes Zeugerin,
Sie hegt und trägt das auferweckte Leben nur;
Es zeugt der Vater, aber sie bewahrt das Pfand.

Apollo in der Orestie

Die archäologischen Funde und mythologischen Texte der griechischen Welt sprechen am deutlichsten von der Entmachtung der Göttin. Ironischerweise vermittelt uns dieses Vermächtnis für die westliche Welt eine schwache Ahnung, wer die Göttin war und was sie dem antiken Geist bedeutete. Im 3. und 2. Jahrtausend v.Chr. wurde die Göttin in der Kunst des minoischen Kreta gefeiert. Die farbenfrohen Keramiken und Fresken stellen mit freien und eleganten Schwüngen und Linien vielfältige Kulthandlungen und die Schönheiten der Natur dar. Sie sind Ausdruck der Freude, die im Geheimnis des Daseins mitschwingt und das harmonische Verhältnis zum Leben spiegelt, das die Menschen bei jeder Tätigkeit erlebten. Die Wandbilder und Kunstgegenstände Kretas zeigen, daß die Insel ein Zentrum der Verehrung der Göttin war. Über tausend Jahre, bis die vaterrechtlichen Mykener in Kreta siedelten, waren die Minoer mutterrechtlich, und die Forschung weist auf die Rolle der Frauen als Herrscherinnen und Priesterinnen hin. Die Minoer hatten als seefahrendes Volk schon früh die Ägäis beherrscht, die Macht ausgeübt, wo die Menschen wie sie mutterrechtlich organisiert waren und die Göttin verehrten.

Dort wurde überall das neue Jahr nach dem alten Kalender gefeiert, dessen Anfangspunkt der heliakische Aufgang des Hundssterns, des Sirius ist. In Ägypten kündigte er die Nilflut an, und auf Kreta war es die Zeit, alkoholische Getränke zu bereiten, Wein, Bier und früher Met. Das Fest wurde in der Diktäischen Höhle mit einem nächtlichen Feuer begangen, das weit zu sehen war. Hier hatte die Göttin Rhea ihren Sohn geboren, der entweder Zagreus der Jäger – den wir in der Sage des Orion wiederfinden – oder Zan genannt wurde. Er ist der Weingott Dionysos in seiner alten Gestalt. Die Göttin hatte ihn auf dem Berggipfel vom Elementargeist des Lichts und Sturms empfangen, und er wurde gleich nach der Geburt von den Titanen zerrissen, was zu einem Gott paßt, der Rausch und Ekstase bringt.

Eine kretische Göttin, im Tempel auf dem Thron, die Arme ekstatisch erhoben (Tonnachbildung aus Mittelkreta, um 1100–1000 v. Chr.).

Kreta war der wichtigste Vorposten der anatolischen Zivilisation, und in dieser wie in anderen Sagen erkennen wir die Hauptzüge der Verehrung der Göttin im Nahen Osten wieder. Der sterbende Gott gehört zur Herrin des Berges Diktynna, einer Form der Kybele, die wie sie als Herrin der Tiere flankiert von Löwen dargestellt wird. Ihr Opfertier ist immer der Stier. Ihr Sohngeliebter Zagreus, nach einem anatolischen Berg benannt, erleidet dasselbe Schicksal wie Attis, Adonis und selbst Osiris. Der sterbende Gott, in dem Frazer den Vorläufer des Stifters des Christentums sah, heißt der Erstgeborene, der Zweimalgeborene, weil die jährliche Feier seiner Geburt den Moment verewigt, als die Göttin die Welt schuf. Seine Verehrung, die von Tänzen, mänadischer Raserei und einem Opfer begleitet war, über das nicht gesprochen werden durfte, kennt auch eine Wiederholung seines Todes, denn nach der alten Logik des Heiligen kann nur das zu einem künftigen Akt der Fruchtbarkeit zusammengebracht werden, was von seiner Vergangenheit

Figur eines schwangeren Mannes aus Kamerun, Westafrika, ein Abbild des tiefen männlichen Neids auf die Fähigkeit der Frau, Nachkommen hervorzubringen.

gelöst wurde. Dies ist eine Fassung der archaischen Sage, die wir überall antreffen, wo die Göttin verehrt wird, in Europa wie in Indien, wo Parvati die Herrin des Berges ist und Shiva der Herr des Zeugungsmoments.

Früher bestimmte die Göttin die Form der Initiation für die Frauen und auch die Männer, die aktiv und notwendigerweise an ihrer Verehrung teilnahmen. Von gewissen Dingen wurden Männer jedoch ferngehalten. Auf Kreta konnten die Initiationsriten ebenso heiter wie finster sein, wie uns die unbeschwerten Fresken einerseits und die Legenden dionysischer Raserei andererseits zeigen, bei denen Stiere bei lebendigem Leib mit Händen und Zähnen zerrissen wurden. Die Rituale der alten Siedlungen, die auf jährliche Opfer Wert legten, beruhten auf der Einsicht, daß für die Vorteile des Zusammenlebens ein Preis zu zahlen war. Die Kulturen, die die Göttin verehrten, waren so weise, dieser Notwendigkeit die Form eines Mysteriums, nicht bloß eines Schauspiels zu geben, das sowohl persönliche Reinigung wie allgemeines Fest war.

Die ältesten, immer wiederkehrenden Geschichten von Initiation und Opfer schildern, wie die Göttin die Einweihung in das Geheimnis des Todes und der Erneuerung willig auf sich nimmt. In Inannas Abstieg in die Unterwelt zu ihrer Schwester Ereschkigal ist die Notwendigkeit der Wandlung durch den Tod vielleicht am reinsten gefaßt. Wir kennen dies besser im Mythos von Demeter und Persephone, deren Mysterien in Eleusis bis ins 4. Jahrhundert n.Chr. die Hoffnung der Frauen und Männer war. Wenn die Trauer Demeters um ihre entführte Tochter die Welt in Todesgefahr bringt, kann Persephone – wie Inanna – ins Reich der Lebenden zurückkehren, damit der Geist der Erde nicht aus Nahrungsmangel stirbt. Rituale der persönlichen Erneuerung sind eng mit der fortdauernden Fruchtbarkeit der Natur verknüpft.

So überrascht nicht, daß die frühesten Initiationsriten auf den Ritualen der Frauen basierten, die natürlich um das regelmäßig Wiederkehrende kreisen. Sie heiligen die wesentlichen Augenblicke der Pubertät, der Monatsblutung, der Liebe, Geburt und Mutterschaft. Sie zeugen auch von den größeren Perioden der Natur und den Jahreszeiten, die den Rang der Göttin im kosmischen Zyklus unterstreichen. Jede Form der Einweihung lebt von der Metapher der Geburt; auf die Novizen warten neue Verantwortung und Einsicht. Das weibliche Prinzip, die Göttin, muß anwesend sein, damit die Neuen die notwendigen Stufen der rituellen Schwangerschaft und Wiedergeburt richtig durchlaufen.

Mit dem Aufstieg des Patriarchats versuchen die Männer, sich die Riten der Frauen anzueignen. Sie verbieten den Frauen bei Todesstrafe die Teilnahme, um den männlichen Geist in der Trennung einer intensiven Selbstverwirklichung zuzuführen, die schließlich seine Autorität verstärkt. Auffällig viele Stammesüberlieferungen sprechen davon, daß ursprünglich die Frauen regierten, bis die Männer sie stürzten. So besaßen die Frauen bei den südamerikanischen Xinguano-Indianern die heiligen Flöten; dann brachten die Männer sie mit einer List dazu, sie ihnen zu überlassen, und die Macht gelangte in ihre Hände. Die Dogon in Afrika berichten von einer Reihe von Diebstählen: die Macht wurde den Frauen gestohlen; sie holten sie sich wieder, worauf die Männer sie ihnen ein für allemal entwanden.

Bei den australischen Ureinwohnern wird bei den Pubertätsriten der Jungen die Subinzision des Penis durchgeführt, die die Menstruation nachahmt. Psychologisch läßt sich hier Gebärmutterneid feststellen, den die Rituale zu

Athene, die mutterlose Jungfrau als Kriegsgöttin zum Kampf gerüstet. Die schlangenhaarige Gorgo, Symbol ihres zerstörerischen Aspekts, steht vielleicht mit Anath in Verbindung, die von Syrern, Ägyptern und Kanaanitern verehrt wurde. Sie soll die Penisse der Besiegten an ihre Ägis gehängt haben.

einem kollektiven sittlichen Wert sublimieren sollen. Menschenopfer, grausame rituelle Praktiken und das Blutvergießen, von denen die Anthropologie berichtet, sind mit Machtfragen verknüpft, die aus dem Konflikt zwischen Männern und Frauen entstehen.

Menschenopfer wurden immer wichtiger, so im Ritual der rasenden Mänaden und der Opferung des Königs, besonders in der alten Mittelmeerwelt, als dort das Vaterrecht an die Stelle des Mutterrechts trat. Der Göttin war die Hinnahme der dunklen Aspekte des Lebens schon lange vorgeworfen worden, mindestens seit Gilgamesch, der von Ischtar umworben wurde und höhnte, sie habe keinen Geliebten, der nicht auch ihr Opfer wäre. Das war finstere Wahrheit, aber seine Weigerung, das unvermeidliche Schicksal auf sich zu nehmen, führte nur ins Verderben. Wie Marduk Tiamat bekriegte, stellt sich nun Gilgamesch gegen Ischtar, tötet ihr heiliges Tier, den Himmelsstier, und ihre dämonische Verkörperung Humbaba. Sie mißgönnt ihm die Macht und tötet im Gegenzug Gilgameschs Freund Enkidu. Dies ist typisch für das Spiel von Rivalität und Rache – die Verantwortung dafür wurde Ischtar zugeschoben –, das sich zu jener Zeit in den grausamen Kriegen im Nahen Osten entfaltete. Der Preis des Wechsels von Mutterrecht zu Vaterrecht wurde von Außenstehenden nun teuer bezahlt. Das rituelle Opfer von früher wurde durch den profanen Krieg ersetzt, in dem sich das Mysterium des Lebens ausdrücken sollte.

Die Griechen, die sich im 14. Jahrhundert v.Chr. auf Kreta niederließen, waren Teil der großen Bewegung in der Ägäis, deren Zentrum Mykene war. Die Stämme hatten sich verbündet und schworen beim Namen ihrer Götter, sich im künftigen Krieg gegen die Titanen beizustehen und die Rechte der monogamen Ehe zu verteidigen. Der Eid wurde am Altar der Hekate geschworen, der Alten, der Herrin der Wegkreuzungen. Vermutlich wurde er durch die Opferung einer Tochter bindend, damals der an die Kriegsgöttin zu entrichtende Preis.

Der seltsame Brauch bezeichnet den Moment, als die Mysterienrituale der Männer Teil der Initiation zum Krieger wurden, bei der die Göttin ihre Anhänger mit rasender Kampfeswut erfüllte. Die Umkehrung der lebensbejahenden Energie der Göttin wirkt verblüffend, aber wenn sie in Beziehung zur Institution der monogamen Ehe gesehen wird, scheint sie merkwürdig sinnvoll. Den Kampf verlieren, vor allem bei der Verteidigung des eigenen Territoriums, war stets eine bittere Demütigung, denn dem Sieger gehört die Kriegsbeute, und die Frauen wurden geschändet und möglicherweise geschwängert, was die Vaterschaft in Frage stellte. So wurde die Göttin gebeten, die Männer in Kampfeswut zu versetzen, damit sie ihre Ehre und ihren »Besitz« verteidigen konnten. Die Frauen sahen sich, wenig beneidenswert, ständiger Bedrohung ausgesetzt und mußten sich von Männern vor Männern schützen lassen. Die griechischen Sagen sind voller Vergewaltigung und Rache. Dies schafft die Voraussetzungen für das Wunder der Athene, die dritte Sublimierung des Weiblichen durch das Männliche. Dem Kopf des olympischen Zeus entsprang eine Kriegsgöttin, die sich im Rat der Männer gegen die Große Mutter stellte. Sie wandelte die frühere Abhängigkeit der Männer in eine Beherrschung der lebenschaffenden Prinzipien um, die einst zu ihr gehörten.

Die Umwandlung der Athene, deren Macht ursprünglich so weit reichte wie die der lybischen Göttin Neith, in eine Kriegsgöttin und Tochter des Zeus

dauerte einige Generationen. Entscheidend waren die Intrigen der ältesten Tochter des Zeus, Ate, die zu Raub und Gegenraub führten. Sie war eine syrische Göttin, die später mit Athene verschmolz. Sie verblendete die Männer, die so die Folgen ihres Handelns nicht mehr erkannten. Ihre dunklen Pläne gipfelten im Urteil des Paris, dem Raub der Helena und im Trojanischen Krieg. Athene hatte ihre Stadt Troja zugunsten der Griechen aufgegeben und zog nach deren Sieg nach Athen, das sie dann vor allem förderte. Sie half Orest, der seine Mutter getötet hatte, gegen die Furien, die Rachegöttinnen der matriarchalen Zeit, und sicherte damit die als phallokratisch bezeichnete Herrschaft der Stadt und die Unterdrückung der Frauen. Die Frauen konnten aus dem zurückgezogenen Leben nur ausbrechen, wenn sie ihre eigenen Feste wie die Thesmophorien feierten, oder wenn sie gebraucht wurden, den Tod des Dionysos, einst das Kind der Göttin, zu beweinen und seine Wiedergeburt zu preisen. Dann zogen die Mänaden durch die winterlichen Berge, was den Männern Respekt einflößte. Diese bacchantische Raserei, die sowohl in der gesellschaftlichen Unterdrückung als auch im uralten Mythos wurzelte, war sicher ein Grund, daß der Gott im Tempel lebendig und dieser bis in christliche Zeiten als Orakel wichtig blieb.
Neid und Rivalitäten waren von Anfang an Kennzeichen der griechischen Politik, und die unaufhörlichen Kriege der Stadtstaaten trugen zum Ende der Epoche bei. Es war, als habe sich die Schutzherrin der Stadt, Athene, mit ihrem anderen Ich Ate verbündet, um die Kränkungen zu rächen, die dem weiblichen Geist zugefügt worden waren: sie sorgte dafür, daß mit den patriarchalen Privilegien auch die Sünden der Väter an die Kinder weitergereicht wurden, was zum Untergang führte.

Auf diesem Felsen

Als Mensch ganz entwickelt zu sein heißt als Mann geboren zu sein.

Thomas von Aquin

Viele griechische Götter und Göttinnen fanden ihren Weg nach Rom. Sie hießen dort anders, aber ihre Eigenschaften blieben unverändert. Aus Athene, Aphrodite, Artemis und Hera wurden Minerva, Venus, Diana und Juno. Eine Göttin war aber vor allen anderen Beschützerin Roms: die Große Muttergöttin Kybele aus Phrygien in Kleinasien, deren Spuren sich bis in die frühe Jungsteinzeit verfolgen lassen. Sie ist keine romantisch gesehene, bruchstückhafte Verkörperung der Göttin, sondern tritt in vollem Glanz auf, als furchtbare und nährende Gottheit. Als Berggöttin hat sie einen riesigen Leib, der die Quelle allen Lebens ist. Passend zur Wildnis des Berges spiegelt die Göttin die wilderen Seiten der Natur: heulende Wölfe, Panther und brüllende Löwen sind ihre Begleiter; Trommeln und Rasseln machen den Rhythmus, zu dem sie sich bewegt. Sie war die Mutter der Trojaner und stand so am Anfang des Geschlechts, von dem die ersten Bewohner Roms abstammten.
In Rom trat sie während des 2. Punischen Kriegs auf. Die Römer wurden von den Karthagern schwer bedrängt und befragten die Sibyllinischen Bücher, die weissagten, daß »ein äußerer Feind, der in Italien eingefallen ist, nur zu vertreiben ist, wenn die Mutter des Berges Ida von Pessinus nach Rom gebracht wird«. Kurz darauf ließ sich der schwarze Meteorit, der als Haupt der Göttin verehrt wurde, vernehmen: »Laßt mich gehen. Rom ist für jede Gottheit ein würdiger Wohnsitz.« Kaum war die Göttin 205 v. Chr. nach Rom gebracht, bewies sie mit der Niederwerfung der Karthager ihre Macht.

Kybele, Göttermutter aus Asien, war eine wilde Gottheit: »Die an der Pauken und Klappern Getön und dem Klange der Flöten und an der Wölfe Geheul sich freut, an den funkelnden Augen zorniger Löwen.« (Homerische Hymne). Die Silberschüssel von Parabiago (4. Jh.) zeigt sie und ihren Sohngeliebten Attis auf dem Löwenwagen.

Der Meteor befand sich erst im Tempel der Victoria, dann im Phrygianum, in dessen Nähe später die Peterskirche errichtet wurde. Ein merkwürdiger Gedanke, daß die Grundfesten der Katholischen Kirche vielleicht auf dem Haupt der ältesten aller Erdmütter ruhen.

Die Göttin aus Kleinasien war für die Gefühle der römischen Obrigkeit eine schockierende Gottheit. Die Priester und Priesterinnen der uralten Göttin brachten die Menschen mit Trommeln, Tamburins, Schreien und wilden Tänzen in Verzückung. Auf dem Höhepunkt der Zeremonie waren sie von der Gottheit besessen und geißelten sich bis aufs Blut. Es gab Römer, die ihrem kastrierten Sohngeliebten Attis nachfolgten und sich selbst entmannten. Noch heute finden sich Reste dieses Rituals in Rom, wenn sich in der Passionswoche Geißler der Jungfrau Maria weihen. Das vorchristliche Rom war sehr tolerant gegenüber orientalischen Religionen und den Göttern und Göttinnen Griechenlands und Ägyptens. Doch die ekstatische Kraft des Kults überraschte, und man versuchte mehrmals, ihn aus Rom zu entfernen. Feste durften nur auf dem Palatin stattfinden, und bis in die Zeit des Claudius durften Römer keine Priester der Göttin werden. Im 4. Jahrhundert n.Chr. versuchten die Neuplatoniker unter Julian tapfer, Kybele als Große Mutter zu verteidigen; zwischen Augustinus, der von Attis und seiner »Hurenmutter« sprach, und den Neuplatonikern zusammen mit den gnostischen Naassenern, die am symbolischen Mysterium von Kybele und Attis als Magna Mater und Sonnenkönig festhielten, entbrannte heftiger Streit. Um 400 erklärte der Neuplatoniker Macrobius: »Wer wollte zweifeln, daß die Erde als Mutter der Götter zu betrachten ist?« Mit dem Sieg des Christentums wurde Attis vertrieben. Die Magna Mater verschwand nie ganz: aus vielen Tempeln der Kybele wurden Kirchen der Gottesmutter.

Die Transformation der heidnischen Gottheiten und Gestalten der alten Religion in akzeptable christliche Heilige hatte ihren Preis, wie die Geschichte der Hypatia aus dem 5. Jahrhundert zeigt. Damals galten die Neuplatoniker und Gnostiker als größte Gefahr für das entstehende Dogma der römischen Kirche. Hypatia war in die Eleusinischen Mysterien eingeweiht und vermutlich Priesterin der Isis. Sie war Leiterin der Bibliothek von Alexandria und die herausragendste Philosophin, Mathematikerin, Astronomin und Ärztin ihrer Zeit. Sie war wegen ihrer öffentlichen Vorträge in weiten Kreisen bekannt und im Volk beliebt. Bischof Synesius nannte sie mit größter Hochachtung »die Philosophin«, und Briefe an sie redeten sie als die »Muse« und »Orakel« an.

Hypatia wurde 415 auf dem Weg zur Bibliothek auf Befehl des Patriarchen von Alexandria, Bischof Cyril, von einer Gruppe Mönche festgehalten. Man schleppte sie ins Caesarium und häutete sie bei lebendigem Leib mit Austernschalen. Dann wurde sie verbrannt. Nach ihrem Tod wurde eine andere Frau unter dem Namen Katharina von Alexandria heiliggesprochen. Sie war als Märtyrerin auf ein »Katharinenrad« gebunden und zerquetscht und verbrannt worden. Als Heilige ist sie fast so volkstümlich wie die Jungfrau Maria. Ihr Leben ist jedoch historisch nicht zu belegen; zudem hat sie eine unheimliche Ähnlichkeit mit Hypatia, lebte nicht nur zur selben Zeit am selben Ort, sondern war bekannt dafür, allen Philosophen überlegen zu sein und keine Ehe schließen zu wollen. Einige Gelehrte nehmen daher an, daß Hypatia über die Legende der Katharina zur christlichen Heiligen gemacht wurde. Es ist anzunehmen, daß die Ermordung Hypatias schwer auf dem Gewissen

Die Heilige Katharina wird gleich durch einen Blitz vor der Tortur gerettet. Sie wurde dann enthauptet; aber den Körper trugen Engel auf den Gipfel des Berges Sinai. (Martyrium der Hl. Katharina, Altarblatt von Gaudenzio Ferrari, 1484–1546)

Gegrüßet seist du, heilige Königin, barmherzige Mutter, unser Leben, unsere Süße und Hoffnung, zu Dir beten wir, arme verbannte Kinder der Eva

Zeitgenössisches katholisches Gebet

Cyrils lastete, denn als nächstes versuchte er, das weibliche Prinzip zu besänftigen, indem er es zu seiner alte Höhe erhob. Die Gelegenheit ergab sich auf dem Konzil zu Ephesus, der Stadt, die der Diana heilig gewesen war. Nestorius war dagegen, der Jungfrau Maria den Namen *theotokos* »Gottesgebärerin« beizulegen. Er hatte geschrieben: »Niemand soll Maria die Muttergottes nennen, da sie Mensch war, und Gott kann unmöglich von einem Menschen geboren sein.« Cyril focht mit all der Gewalt, für die er bekannt war, gegen diese Ansicht, und nach einer stürmischen Sitzung wurde Maria als Gottesgebärerin offiziell in den Mittelpunkt der christlichen Lehre gestellt.

Daß Cyril die Ermordung der Hypatia und damit die Heiligsprechung der Katharina auslöste sowie die Gottesmutter wieder an ihre Stelle setzte, ist eine der Ironien, die für die Geschichte der Göttin charakteristisch sind. Wir müssen Cyril auf dieselbe Ebene mit Marduk stellen, der Tiamat tötete und doch Ischtar als »Gestirn« und Kriegsgöttin anerkannte, oder mit Orest, der seine Mutter tötete und doch Athene als geheiligte Tochter ihres Vaters bestätigte. Dennoch gingen diese patriarchalen Erhöhungen der Göttin mit einer Herabsetzung der sozialen Stellung der Frau einher. Eine der philosophischen Fragen der Zeit Cyrils war, ob Frauen wirklich Seelen hatten – Teil der übergreifenden Frage, ob sie überhaupt weiter Priesterinnen der Kirche sein konnten. Cyril hatte schon die gnostischen Christen zu Ketzern erklärt, weil sie zu einer Mutter- und zu einer Vatergottheit beteten und aufgrund einer Tradition, die sie auf Maria Magdalena zurückführten, Priesterinnen zuließen.

Unerwünschte Marienverehrung

Die Bedürfnisse der Menschen konnten sich trotz des anfänglichen Widerstands der Kirche gegen die Marienverehrung behaupten. Allerdings bereiteten die Bekanntheit und Beliebtheit des Göttlichen in seiner weiblichen Gestalt als Maria der katholischen Kirche schwere Probleme. Man versuchte vergeblich, sie zu vermenschlichen, um ihre göttliche Stellung zu schwächen, doch schließlich wurden 1950 ihre Jungfräulichkeit und Himmelfahrt als Dogma verkündet. Die Rolle der Muttergöttin war in allen westlichen Kulturen seit langem fest verwurzelt, denn die Menschheit war immer auf die Gegenwart einer barmherzigen Gottheit angewiesen, die Gebete erhörte und ein Trost in Notzeiten war. Maria wurde zum Medium, mit dessen Hilfe die alten heidnischen Göttinnen wieder Gestalt annehmen konnten. Die Antike kannte jungfräuliche Göttinnen und sah Maria als Teil der Dreiheit von Jungfrau, Mutter und alter Frau: der Heilige Bonaventura verglich Maria mit der griechischen Dreiheit von Hera, Demeter und Hekate, als er sie die Königin des Himmels, der Erde, wo alles von ihrer Macht abhängt, und der Hölle nannte, wo sie selbst von den Dämonen Achtung verlangt. Überall in den christianisierten Ländern wurden die Tempel der Diana, Minerva, Artemis, Isis, Hekate, Aphrodite, Tanith und Juno von der Jungfrau Maria eingenommen: Notre Dame und andere gotische Kathedralen wurden »Paläste der Himmelskönigin« genannt.

Als ein Zeugnis für das Weiterleben der uralten Erinnerung an die Prima Mater gilt die Schwarze Madonna. Die gesamte Christenheit kennt diese

Die Schwarze Madonna von Montserrat, Spanien.
Der Kult der Schwarzen Jungfrau überbrückt den Atlantik: Kolumbus und Cortez pilgerten vor der Reise in die Neue Welt nach Guadalupe. In Mexiko ist heute ein alter aztekischer Platz, einst der Göttin heilig, Unserer Lieben Frau von Guadalupe geweiht.

Als der Bevölkerung das Heilen verboten wurde, waren Kräuterfrauen rasch die Opfer. Hier werden »drei berüchtigte Hexen« für ihre »teuflischen Künste« 1589 im englischen Chelmsford hingerichtet.

geheimnisvollen Darstellungen der Maria: der fränkische König Chlodwig I. fand die Figur einer Schwarzen Madonna in einer Waldschlucht, bewacht von einer Löwin und ihren Jungen, und in Chartres entdeckte man sie in einer Höhle unter der Kathedrale. Schon im 5. Jahrhundert bestand in Frankreich der Kult der Schwarzen Madonna, und sie wird auch heute noch in Spanien, Polen, Italien, England, der Schweiz und der Neuen Welt verehrt. Gern wird übersehen, daß diese Bildwerke der Maria schwarz sind, oder man erklärt, das käme vom Weihrauch und den Kerzen. In ihnen klingen aber die Riten der Schwarzen Isis und Diana, Kybele und Persephone, Inanna und Lilith nach. Die Schwarze Madonna läßt sich als Symbol der ruhenden, fruchtbaren Erde oder der gebärmutterartigen, verborgenen Tiefe einer Höhle deuten. Psychologisch gehört sie der Unterwelt an und ist der Stoff, aus dem die Seelen sind. Ihre vergeistigte Botschaft fordert uns auf, die Göttin als Natur und die Natur als weiblich zu erkennen. Ja, sie ist fruchtbarer Überfluß und Geburt, aber wie ihre schwarze Schwester Kali kann sie ihre Kinder verschlingen und auf den Toten tanzen.

Während des ganzen Mittelalters wurde die Jungfrau Maria als Beschützerin verehrt. Die Lebensweise der Menschen und ihre Nähe zur Erde verlangte, daß sie viele der uralten Zeremonien lebendig erhielten, mit denen die Erde erneuert wurde: im Frühling wurden Pflanz- und Fruchtbarkeitsfeste gefeiert, die Felder gesegnet, um den Maibaum getanzt. Im Herbst war Erntefest und Allerseelen. Diese jahreszeitlichen rituellen Aktivitäten waren Teil des Zyklus der Erdmutter und wurden von der Kirche offiziell anerkannt – die Kirchenväter übernahmen rasch den alten heidnischen Festkalender und wandelten ihn in christliche Feste um.

Die heiligen Haine der Vergangenheit wichen Kathedralen, und als die prächtiger wurden, sah man häufig Erscheinungen der »Weißen Dame«. Sie hatte ihren Platz immer in der Natur gehabt und kehrte an die heiligen Stätten zurück, um ihr Volk zu rufen. Die Göttin als Symbol der lebendigen Natur war bei den Bauern weiterhin beliebt, und die Quellen und Brunnen, die sie besuchte, regten in ganz Europa zu großen Pilgerfahrten an. Diese heiligen Plätze der Natur waren Wohnort der Göttin, die, um nur ein paar Namen zu nennen, Brigit, Morgan, Helen, Notre Dame, Maria und Hel-Eva heißen konnte, und dort geschahen Wunderheilungen, die jetzt der Jungfrau Maria zugeschrieben werden.

Die Völker Europas hatten die »alten Bräuche« nie aufgegeben, und besonders die Frauen hielten die volkstümliche Magie lebendig. Sie fertigten Amulette, trugen Lorbeer, opferten den Schutzgeistern des Herdes Speisen und den heiligen Brunnen Brot. Priesterinnen durften die Frauen zwar nicht mehr sein, sie dienten der Gemeinschaft jedoch als Hebammen und Heilerinnen. Doch schon bald wurde die Kraft der weisen Frauen als Bedrohung empfunden. Im 13. Jahrhundert setzten die ersten Hexenprozesse ein; die letzten fanden im 19. statt. Dazwischen hatten Zehntausende, wenn nicht Millionen in den Händen der Inquisition oder der Reformatoren den Tod gefunden. In der Schweiz wurden ganze Dörfer zerstört. Allein in zwei Dörfern wurden 7000 Frauen verbrannt. Während einer zwanzigjährigen Schreckensherrschaft richtete man in Straßburg 5000 Menschen hin. Genf verbrannte in drei Monaten 500 Hexen, Toulouse an einem Tag 400. Die weisen Frauen der Vergangenheit, die einst Sibyllen und Prophetinnen waren, wurden nun als Geschöpfe der Finsternis gefoltert und ermordet.

Natur, Frau und die Göttin

Was der Erde widerfährt, das widerfährt allen Söhnen der Erde.
Der Mensch webt nicht das Gewebe des Lebens, er ist darin nur ein Faden.
Was er dem Gewebe antut, tut er sich selbst an.

Häuptling Seattle

Die Kirche Our Lady of Walsingham ist der große Wallfahrtsort der Schwarzen Jungfrau in England. 1989 kamen 10 000 Menschen zur Festprozession. Die kleine Gruppe christlicher Fundamentalisten zeigte, daß es in der anglikanischen Kirche immer noch Widerstand gegen die Himmelskönigin gibt.

Die Schicksale der Frau, der Natur und der Göttin sind untrennbar verwoben. Das fanatische Mißtrauen, die Angst, die auf die Frau projiziert wurden, richteten sich nun gegen die Natur insgesamt. Francis Bacon sagte im 16. Jahrhundert: »Wir werden die Natur foltern, um ihr die Geheimnisse zu entreißen.« Das große Mysterium der Göttin geriet vor das sezierende Auge des rationalen Gottes der Wissenschaft. Die alte Weltsicht hatte die Erde als lebendigen Körper wahrgenommen, als Lebewesen, das seit Urzeiten als die Mutter Erde gesehen wurde. Die Lebenskraft stammte nicht von einer transzendenten Kraft draußen, sondern war eine immanente Kraft im Reich der Natur. In der Christenheit galt dies als Ketzerei, und die protestantische Reformation sagte sich entschlossen von allen heidnischen und nach der Göttin riechenden Aktivitäten der Vergangenheit los. Gott als Schöpfer mußte als etwas Geltung verschafft werden, das sich außerhalb der Natur und dem Körper der Göttin befand. Er und sein himmlisches Reich wurden als einzige Zuflucht vor der gefährlich lockenden, sündhaften Welt der Natur hingestellt. Diese reduktionistische Sicht leugnete die Einheit aller Schöpfung und setzte an ihre Stelle eine dualistische Auffassung, die Materie und Geist, weiblich und männlich, Leben und Tod, Gut und Böse trennte.

In der Frühzeit der Wissenschaft waren Giordano Bruno, Isaac Newton, Kopernikus und Kepler – dessen Mutter fast als Hexe verbrannt worden wäre – noch von der Natur inspiriert worden, ihr Denken ging von den alten Traditionen der Naturmagie und Alchemie aus. Die Reformation sprach sich jedoch gegen alles aus, das auch nur von fern an Magie oder die Überlieferungen des Volkes erinnerte. Die Wissenschaftler des 16. und 17. Jahrhunderts sahen sich daher vor die Aufgabe gestellt, eine neue Sprache zu finden, in der sich die Ordnung der Natur und ihre Regelhaftigkeit erklären ließ. Man machte sich eine mechanistische Sicht zu eigen, eine philosophische Haltung, die nicht mit der christlichen Lehre kollidierte, denn wenn Erde und Universum eine riesige Maschine sind, kann sich irgendwo hinter dem Vorhang der Erbauer der Maschine befinden, Gott. Wichtiger noch war die Folgerung, daß die Erde und ihre Geschöpfe als Teil der Maschine fühllos, berechenbar und beherrschbar seien. Da die Menschheit nach dem Bilde Gottes geschaffen ist, haben die Wissenschaftler als Mechaniker die Vollmacht, an der Natur nach Lust und Laune herumzubasteln. Die mechanistische Auffassung ist die vierte Sublimierung des weiblichen durch den männlichen Geist: die lebendige Welt, der Körper der Gaia ist eher eine abstrakte Idee als die konkrete Matrix, an der alles Leben teilhat.

Die unheilige Allianz, die das neue Zeitalter der Vernunft mit dem Christentum einging, ermöglichte den Massenmord an der Natur. Die Entdeckung der Neuen Welt führt uns die zwiespältigen Gefühle des Staunens, der Angst und des Abscheus deutlich vor, mit denen die wilde und fruchtbare Natur gesehen wurde. Das unbekümmerte Abholzen der Laubwälder, die sich einst ohne Unterbrechung von der Ostküste Nordamerikas bis zum Mississippi hinzogen, und das Abschlachten der großen Büffelherden offenbaren die wahre Beschaffenheit des europäischen Geistes, der der Natur in ihrem Urzustand entgegentrat, wie er einst auch in seiner eigenen Heimat vorgelegen hatte. Die Indianer, die romantisch als »edle Wilde« betrachtet wurden, erinnerten die Europäer an ein verlorenes Paradies, und trotzdem wurden auch sie ausgerottet, obwohl sie immer wieder betonten, daß sie das Land genausowenig verkaufen könnten wie die Wolken, die über den Himmel ziehen, daß die Erde ihre Mutter war und ist, der Himmel ihr Vater. Unseligerweise war der Pioniergeist der Siedler zu heftig angefacht worden: die Natur sollte erobert werden, und die damalige Religion und Wissenschaft bestätigte sie in ihrem Recht, zu erobern und sich alle Geschöpfe der Erde untertan zu machen.

Mit den Augen Gaias

Wie wunderschön, wirklich wunderschön...
Ich, ich bin der Geist in der Erde,
Die Körperkraft der Erde ist meine Kraft,
Die Gedanken der Erde sind meine Gedanken,
Alles, was der Erde gehört, gehört mir,
Ich, ich bin die heiligen Worte der Erde,
Wie wunderschön, wirklich wunderschön...

Schöpfungsgesang von Changing Woman, Navaho

Zweihundert Jahre nach der Aufklärung sieht sich die Wissenschaft wie die Große Göttin in ihre Teile zerlegt; jeder Zweig hat seinen eigenen Platz auf dem Olymp inne. Als man der Natur langsam die Geheimnisse entriß, wurden ihre grundlegenden Einheiten in verschiedene Forschungsbereiche aufgebrochen. Heute muß sich die Wissenschaft mit einer scheinbar unausweichlichen Umweltkatastrophe befassen und sieht sich genötigt, die Grenzen zwischen den Bereichen aufzulösen, um die ganze Komplexität der lebendigen Ordnung unseres Planeten verstehen zu können. Dies hat zur Folge, daß die alte mechanistische, reduktionistische Weltsicht, die mit den Griechen einsetzte, nun zu bröckeln beginnt. Wir können es uns nicht mehr leisten, das Leben als scheinbar Unbeteiligte zu betrachten. Wir müssen die Menschheit vielmehr als Teil eines vielgestaltigen Feldes sehen, das sich ständig bewegt und verändert. Die Menschheit muß sich wieder in den Zusammenhang des großen Lebensgefüges stellen.

Doch Wissenschaftler sprechen weiter von »Materie«, als sei sie tot und fühllos und könne seziert und untersucht werden, während der Glaube an den technischen Fortschritt sich immer noch über die Weisheit der Natur hinwegsetzt. Durchbrüche der Genforschung und der künstlichen Befruchtung sind eine Folge des griechischen Denkens, das in der Frau nur die Bewahrerin des lebenschaffenden männlichen Samens sah. Das Aufrollen der Schlange der Göttin, der DNS, die Geburtstechniken und die Hervorbringung des Lebens im Reagenzglas stellen die fünfte und letzte Sublimierung des Weiblichen durch die männliche Energie dar. Die gesamte Geschichte unserer Psyche scheint unbewußt auf die Enträtselung des Geheimnisses der Großen Göttin und die Aneignung ihrer lebenschaffenden Fähigkeit angelegt. Der männliche Geist machte sich erst an die »patriarchale Umkehrung« (ein Begriff Joseph Campbells) der Schöpfungsmythen und will nun die Geburt selbst an sich reißen.

Einige Wissenschaftler, denen das Umweltproblem auf den Nägeln brennt, geben unserem Planeten jetzt den Namen Gaia, nach der griechischen Erdgöttin, der »Ältesten der Gottheiten«. Die Gaia-Hypothese stützt sich auf die Einsicht, daß die Erde ein selbstregulierendes System ist, ein Makroorganismus, der auf Zusammenwirken und gegenseitiger Abhängigkeit beruht. Diese zum Wesen der Erde gehörende Synergie mit ihren zahlreichen Makro- und Mikrosystemen bleibt mit Hilfe einer Reihe morphogenetischer Felder erhalten, die durch »Nester« gegliedert sind. Der Erfolg oder das Verschwinden eines Systems, einer Gattung hat weitreichende Folgen für das ganze Nest. Komplexe, lebendige Dinge zeigen als ein Charakteristikum ihres Seins stets Ordnung und Ganzheit, und Gaia macht keine Ausnahme.

Das harmonische Wohlgefühl, das auf dem Gleichgewicht männlicher und weiblicher Kräfte beruht, wird in den japanischen Skulpturen der männlich-weiblichen Gottheit Dosojin deutlich.

Was Gaia uns bewußt macht, ist der erkenntnistheoretische Irrtum, der im Nahen Osten entstand, als man den Mythos des Monotheismus schuf, die Göttin und der Animismus vertrieben wurden. Wir können den Faden dieses entfremdeten Denkens in der Geschichte verfolgen und sehen, wie es unser Verhältnis zur Natur und untereinander beeinflußte. Es wird immer offenkundiger, daß die Erde und das Leben keine Maschine, kein Computer sind, daß der Existenzkampf nicht das grundlegende Ordnungsprinzip der Natur ist, und daß Zusammenarbeit eine viel stabilere und erfolgreichere Lösung ist. Wir erinnern uns an die Kulturen von Çatal Hüyük, Hacilar oder Mohenjo-Daro, die harmonisch gediehen, bis sie von den Stammvätern unserer jetzigen Zivilisation zerstört wurden. Die Menschheit blickt auf ein doppeltes Erbe zurück: das eine friedlich und stabil, das andere kämpferisch und schwankend. Wir müssen nun eine Richtung einschlagen, die mehr Gewicht auf jene beispielhaft harmonischen und stabilen Kulturen legt.

Die schlechten Vorzeichen mehren sich: die nukleare Katastrophe, Überbevölkerung, Giftmüll, Ozonloch, Treibhauseffekt, eine neue Eiszeit sind nur einige der ernsten Gefahren, die uns und den künftigen Generationen drohen. Die Ironie, daß unsere Vernichtung möglich ist und wir zugleich Gaia wahrnehmen, erinnert uns an die Griechen und die Zerstörung Trojas. Kassandra, Tochter des Königs Priamos, wurde als Kind im Tempel schlafend gefunden, und zwei Schlangen leckten ihr die Ohren, ein sicheres Zeichen, daß sie zur Prophetin bestimmt war. Apollo wünschte sich die Prinzessin zur Priesterin und verlangte, sie müsse die Wahrheit sprechen, nicht wie die Göttin, sondern wie Zeus sie sah. Kassandra erlaubte ihm nur einen Kuß; zur Strafe spie er ihr in den Mund, was zur Folge hatte, daß niemand ihr mehr glaubte. Die Prophetin verlor schier den Verstand, weil sich der Untergang, den sie Troja weissagte, nicht abwenden ließ. Mit dem Fall der symbolischen Stadt fanden die Kulturen, die die Göttin verehrten, ihr Ende. Seitdem spricht man von Kassandrarufen, wenn Frauen den Rat der Männer stören und auf die Folgen seines Handelns hinweisen. Wir können uns nicht mehr taub gegen das Schicksal der Erde stellen, denn zu vielen Menschen werden die Ohren von den Schlangen der Göttin geleckt. Diesmal wird Kassandra, die Stimme der Wahrheit, gehört werden.

In nicht allzu ferner Vergangenheit war die Göttin in Gestalt der Natur Teil des Lebens. Heute ist sie für einige eine Volkssage, für andere ein archetypisches Symbol der Ganzheit, und für wenige eine metaphysische Realität, eine Quelle von Erneuerung, Stärke und Segen. Daß sie gleichzeitig wieder Gaia genannt wird, erinnert uns an unsere wahre Herkunft als Kinder der Erde – wobei wir nicht vergessen dürfen, daß sie auch Kali heißt, die ihre Kinder verschlingt. Das vergessene Wissen der Vergangenheit ist körperlich-sinnlich und muß erlöst und geheiligt werden. Der Gedanke der Heiligung oder *sanctitas* bringt uns wieder der tellurischen Mutter alter Zeiten nahe. Bachofen unterschied *sacrum* und *sanctum*: das, was heilig gemacht wird, weil die Menschen es den Göttern weihen, und das andere, das von Anfang an unter dem Schutz der weiblichen, chthonischen Mächte steht. Heiligkeit entspricht der »Erdgöttlichkeit«, der Beziehung, die alle Dinge oder Lebewesen zum mütterlichen Schoß der Erde haben, zum Allerheiligsten oder »Unberührbaren«. Es könnte von äußerster Bedeutung für das Weiterleben der Menschheit sein, diese *sanctitas* in unsere Weltsicht zu integrieren.

Zum Abschluß wenden wir uns den Taoisten zu, denn in ihre zeitlose Weisheit finden wir Dichtungen über die Göttin, den weiblichen Geist eingebettet. Das taoistische feine Beobachten und Verstehen, das die Natur als weiblich sah, hob alles Mystische und Empfangende hervor. Ihr weiches Nachgeben wurde zum Vorbild genommen, nach dem sich die rechten sozialen Verhältnisse gestalten sollten. Und doch beruhte die Vorstellung des Yin auf der des Yang, und dieses Wort bedeutet auch »den besseren Platz aufgeben, einladen«. Das Ansehen eines Mannes beruhte also auf seiner Fähigkeit, den Leuten alles Erforderliche zu geben. Dieses »Flüssigmachen« der männlichen Aggressivität gilt als wesentlich für die Schaffung einer Gesellschaftsordnung des Miteinander. Die Einsicht in das empfangend Widerstandslose des Wassers und des Weiblichen bringt uns das taoistische Prinzip des Führens von Innen heraus nahe: Wasser höhlt das Härteste aus, und das Wasser im Tal reinigt und erneuert sich ständig. Der Bewußtseinswandel, den das neue Jahrtausend braucht, ist nicht bloß eine Rückkehr auf die alten Pfade des Matriarchats; er verlangt, daß wir uns ganz auf das Leben einlassen. Nur das Bündnis der Kräfte des Weiblichen und Männlichen kann in harmonischem Zusammenwirken als »weiche« Kraft eine radikale Änderung bringen. Das alte Vorbild harter Kraft mit Herrschaft und Kontrolle, Macht über Menschen, Orte und Dinge schafft Angst und Entfremdung und ist oft nur mit Gewalt durchzusetzen. Weiche Kraft kommt aus dem Innern und schafft das Gefühl der schöpferischen Verbundenheit. Diese Kraft der gegenseitigen Achtung und des Visionären kann spontan Wachstum und Wandlung herbeiführen. Die neue Einbindung dieser Weisheit und des Pfades der Schönheit des lebensbejahenden Weiblichen ist wesentlich für das Überleben zukünftiger Generationen und auch Gaias. Die Rückkehr der Göttin erinnert uns daran, wer wir sind, woher wir kommen und wohin wir gehen. Mit ihrer Hilfe könnten wir auf eine Weise leben, die das Heilige wieder sieht. Die taoistische Begeisterung für die erneuernden Kräfte der Göttin und Natur äußert sich am schönsten im *Tao-te-king*:

> Der Geist der Quelle stirbt nie.
> Er heißt das Geheimnisvoll Weibliche.
> Die Pforte des Geheimnisvoll Weiblichen
> Ist die Wurzel von Himmel und Erde.
> Zart, zart ist es, kaum sichtbar.
> Berühr es, es wird nie austrocknen.

Neun tanzende Apsaras als Bild der ekstatischen Energie des weiblichen Geistes (Tempelfries, Indonesien, 12.–13. Jh.).

Die babylonische Göttin mit gelocktem schwarzem Haar, geflügelten Schultern und lächelndem Reptilienkopf ist ein altes, packendes Idol der heiligen Mutter. Sie hat ihr Kind an der Brust und steht aufrecht wie die Drachenfrau Tiamat, nackt bis auf den magischen Schmuck der Dreiecke, die ihre Fruchtbarkeit betonen. Das Dreieck ist Sinnbild der drei Aspekte der Großen Göttin: Mädchen, Mutter und Alte. In der tantrischen Überlieferung gilt es als wichtigstes Symbol für das Leben. Die Schlangenkraft ist der große lebensbejahende, mütterliche Segen. Die Schlange wird immer mit der Unsterblichkeit in Verbindung gebracht, da sie jedes Jahr die alte Haut abstreifen kann, neu belebt und wiedergeboren erscheint, während die Frauen ihre innere Haut jeden Monat einmal abstreifen (Ur, um 4000–3500 v.Chr., Terrakotta, Höhe 15 cm).

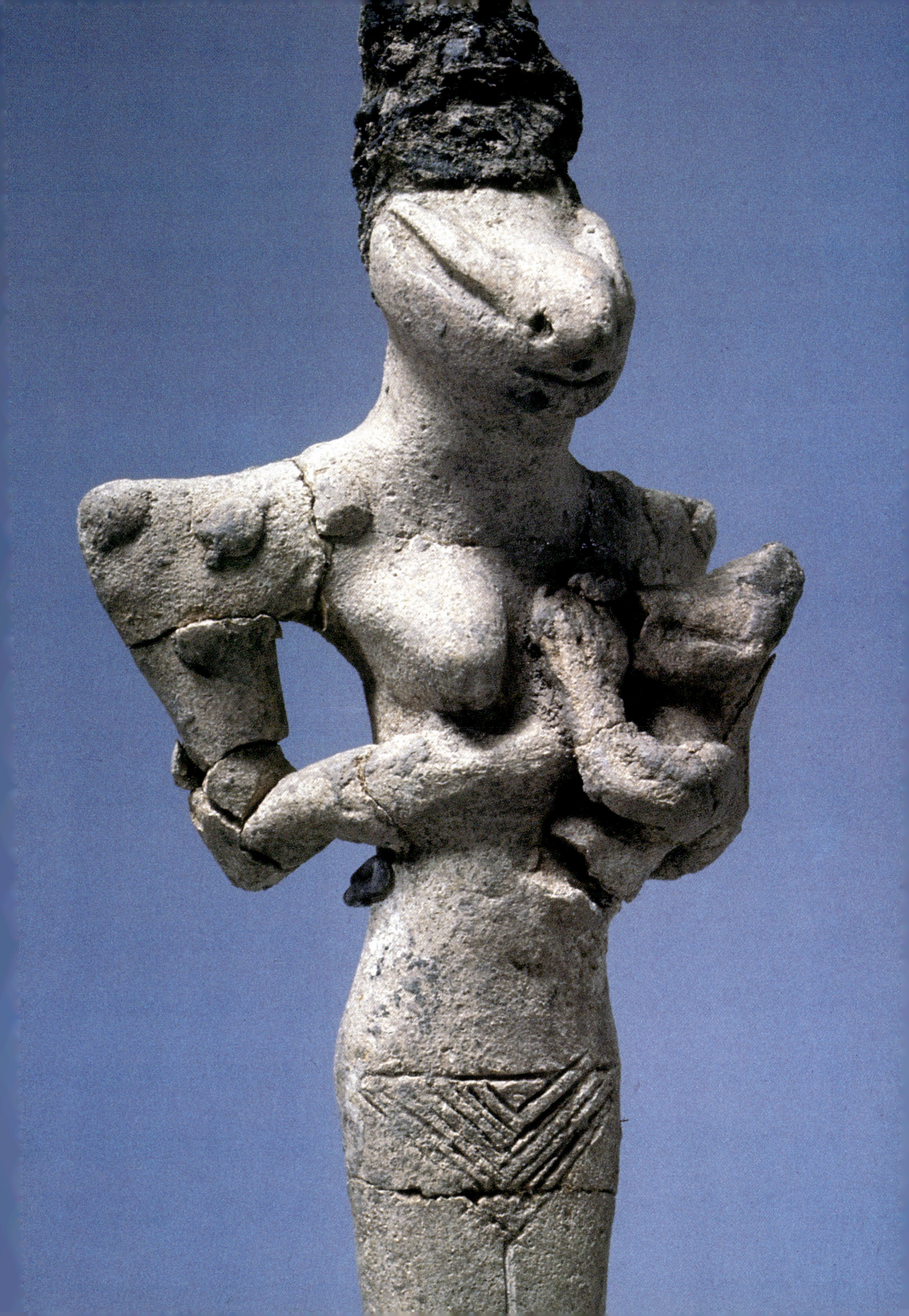

Wie die eine Große Göttin zu den vielen wurde, liegt im Wesen der Zeit und ihrem Vergehen. Denn sie ist zwar die Eine, gleicht aber doch auch einem facettenreichen Juwel, das in jede Richtung funkelt und alles spiegelt, was es sieht. Als neungestaltige Muse (*rechts*) war sie für die Menschheit die Quelle der Inspiration. Als Herrin der Zaubersprüche hieß sie erst Mnemosyne oder Gedächtnis, weil sie den Sängern die Geschichten alter Zeiten schenkte. Die Musen heißen dann Thalia (Komödie), Terpsichore (Tanz), Klio (Geschichte), Euterpe (Lyrik und Musik), Polyhymnia (heilige Gesänge), Erato (Liebesdichtung), Urania (Astronomie), Kalliope (Epos) und Melpomene (Tragödie) (Trier, 2. Jh. n.Chr., römisches Mosaik).

Die zehn Mahāvidyās oder Großen Weisheiten (*oben*) erinnern daran, wie sich die dunklen Kräfte mit dem reinen Licht verbinden, um das Rad des Lebens in Bewegung zu halten. Die auf- und absteigenden Realitäten kreisen unendlich, während die Wandlung der Göttin – von Kali, dem Urprinzip der Entwicklung ausgehend über Tara, die Kraft des spirituellen Aufstiegs, und die Zerstörerin Tripura Bhairavi bis hin zu Kamala, die Glück und Einheit verkörpert – Zeichen ihres befreienden, vereinigenden und doch paradoxen Wesens ist. Die tantrische Überlieferung betont, daß »das Leben mit seinen vielfältigen Prozessen kein regloser, ausgeglichener Zustand der Einheit ist: was dem Dasein Berechtigung verleiht, sind Verschiedenheit, Gegensatz, Veränderung und Vielfalt«. (Madhu Khanna); (Mithila, Indien, 20. Jh., Wasserfarben auf Papier).

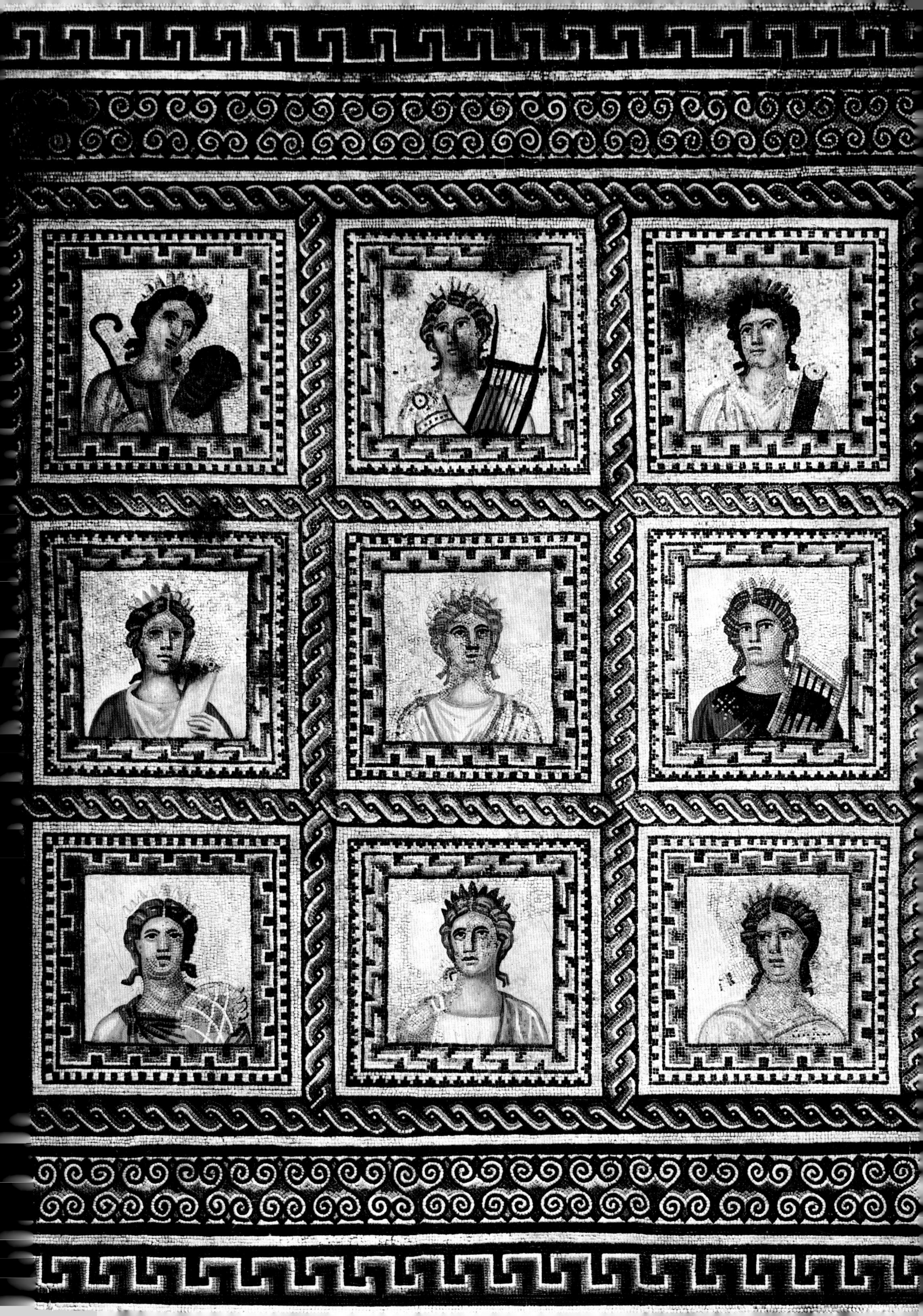

Das Gesicht der Frau aus Neuguinea (*rechts*) mit der kräftigen roten Farbe, der Kette aus Kaurimuscheln und der Mondsichel aus Perlmutt vor der Stirn bringt uns in die Höhlen der Altsteinzeit zurück, wo Kaurimuscheln und roter Ocker, Sinnbild des Weiblichen und seiner Blutmysterien, in Hülle und Fülle gefunden wurden. Der Drang, den Körper zu schmücken und zu verschönern, ist uralt. Das Wort »Kosmetik« kommt vom griechischen *kosmetikos*, das ein Gefühl der Harmonie und Ordnung bezeichnet, oder jemand, der sich auf das Schmücken versteht. Die kosmischen Muster auf dem mexikanischen, schwangeren Gefäß gehören in die alte Überlieferung Amerikas (*oben*). Das geometrische, vierstufige Motiv auf dem Körper verweist auf die Zeitalter oder Welten der Vergangenheit und Zukunft. Die Schöpfung geht jetzt aus der vierten in die fünfte Welt über. Das rautenförmige Muster auf dem Bauch ist der Morgenstern, und die Quadrate auf dem Gesicht preisen die vier Himmelsrichtungen. Die Motive finden sich noch heute in der Webkunst der einheimischen Bevölkerung (Michoacán, Mexiko: Chupicuaro-Kultur, 600–100 v. Chr., Terrakotta, Höhe 30 cm).

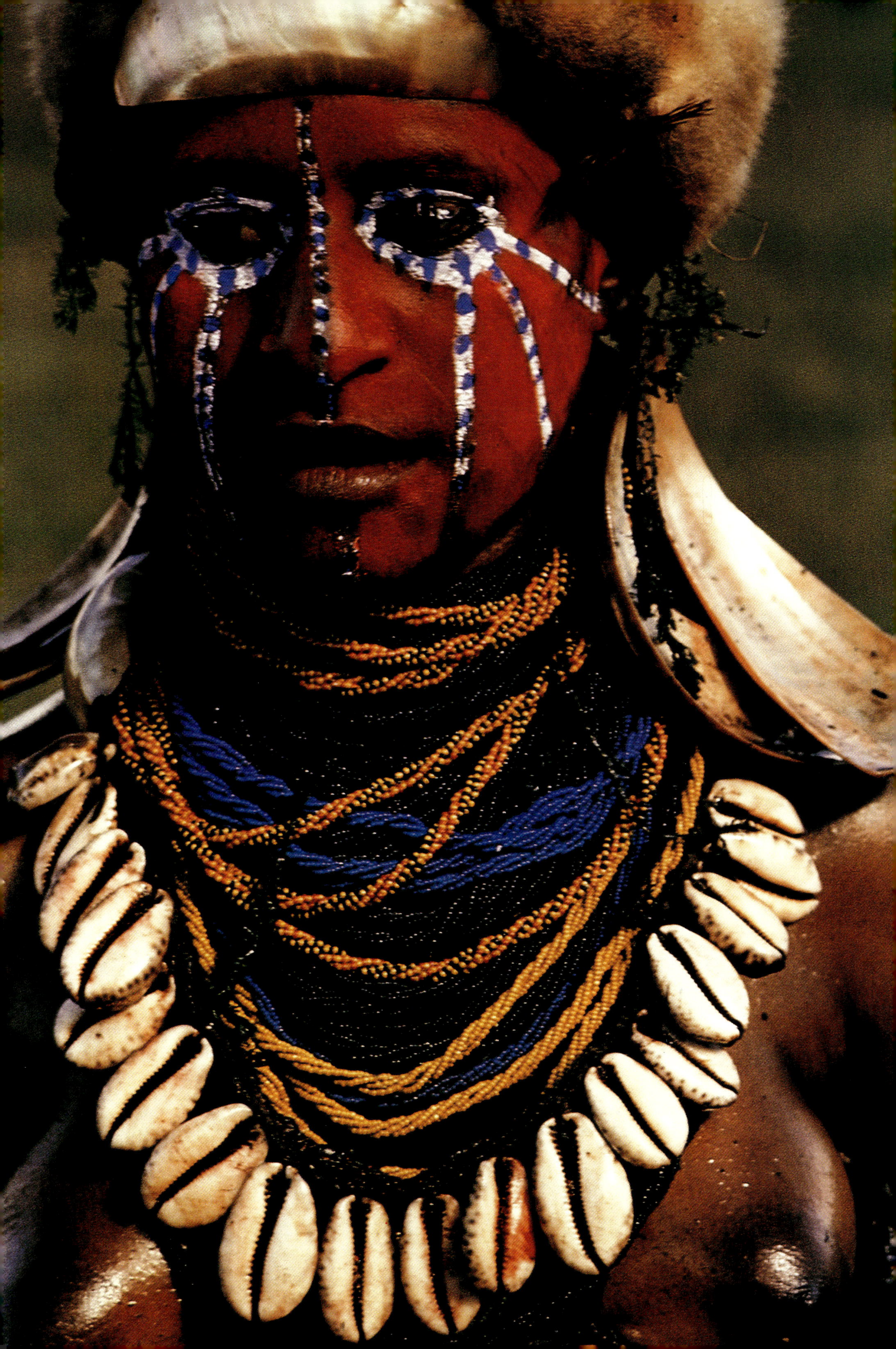

Die beiden Darstellungen der Göttin – eine aus Mesopotamien (*rechts*: 4. Jh. v. Chr.), die andere vom Kongo (*links*: Stamm der Ouroua, 19.–20. Jh.) – bieten mit zeitloser heiliger Geste der Welt die Brüste dar. Sie erinnern uns, daß die Brust das Leben nährt. Beide Figuren sehen uns fest mit dem Blick heilsamen Wissens an. Das Lebenselixier, das sie allen darbringen, ist die Milch der Weisheit. Auf ihren Körpern befinden sich diamantartige Verzierungen, die den Nabel und das Schamdreieck betonen. Diamant bedeutet eigentlich »Weltgöttin«, und die erste Silbe heißt »das Leuchtende«, wie in »Diana« oder »Divinität« (Göttlichkeit). Reinheit und Härte des Diamanten werden mit dem Wesen des Göttlichen gleichgesetzt, in Tibet mit der großen Göttin der Weisheit Tara. Der Nabel oder Omphalos ist die Mitte der Welt und versinnbildlicht die Göttin als Quelle allen Lebens, die Mitte, aus der alles entsteht.

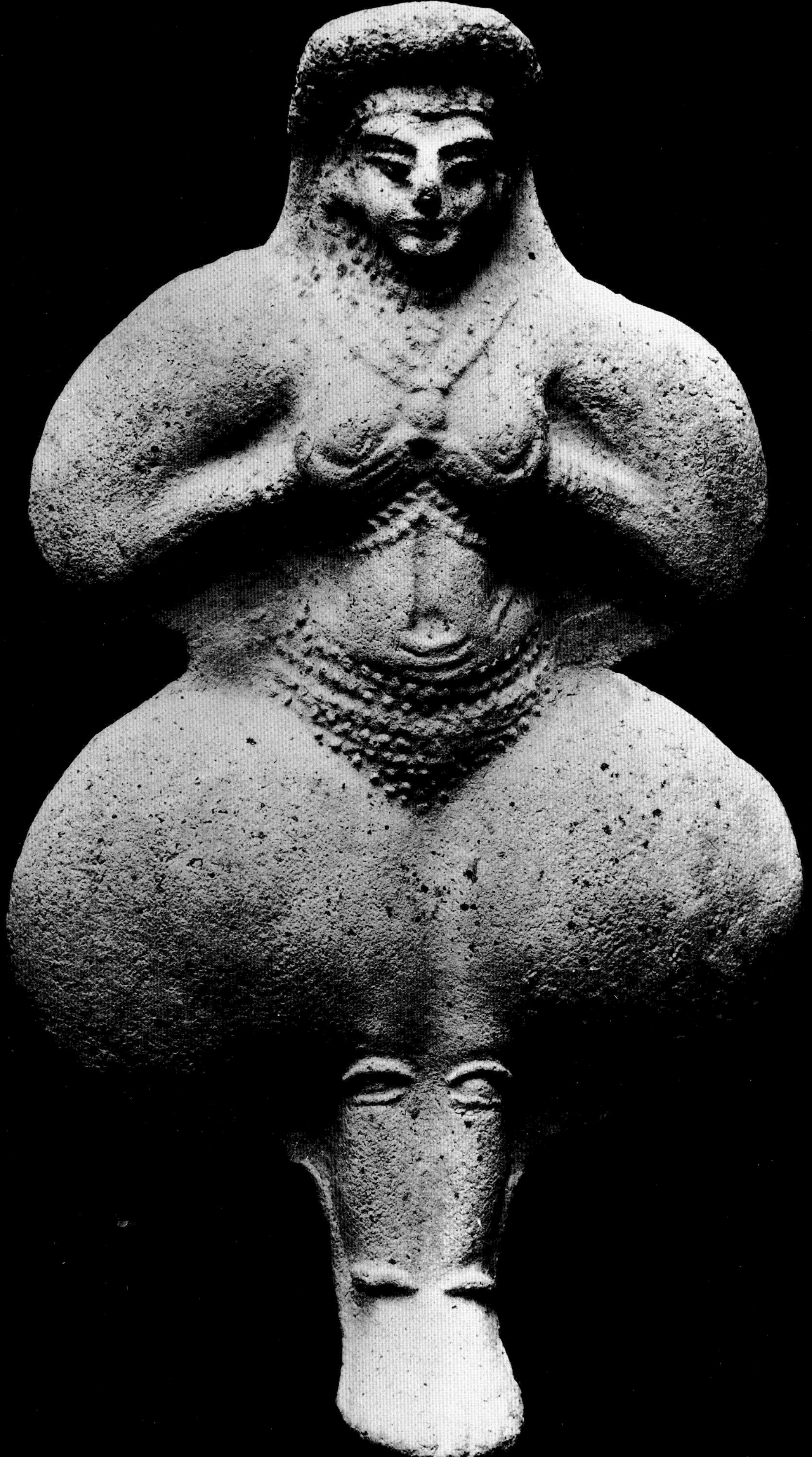

Das Mysterium der Entstehung der Nachkommen ist zunächst im Mutterleib enthalten. Unsere Vorfahren im Altpaläolithikum meißelten in einen Höhleneingang ein Idol der Großen Mutter, die allen verkündete, daß sie ein Kind unter dem Herzen trägt. Die Venus von Laussel (*links*) ist nackt, üppig und ohne Gesicht. Hängebusen, Bauch und Schamdreieck sind deutlich hervorgehoben. In einer Hand hält sie den Mond in Gestalt eines mit rotem Ocker gefärbten Büffelhorns, in das dreizehn Striche eingeritzt sind. Die andere Hand weist auf den schwangeren Bauch und die Fakten des Lebens hin: die Empfängnis ereignet sich am vierzehnten Tag nach Beginn des weiblichen Mondzyklus. Zwanzigtausend Jahre später wurde eine andere Verkündigung ausgerufen. Wie bei der Großen Göttin alter Zeiten geschieht sie in einem höhlenartigen Raum, der den Schoß des mütterlichen Wesens beschwört. Im Fresko *Madonna del Parto* des Piero della Francesca (*rechts*, um 1460) stehen zwei Engel am Eingang und halten den Vorhang des Zeltes auf, damit die erhabene Jungfrau Maria sichtbar wird, die Quelle des tiefsten aller christlichen Mysterien. Anders als die Venus von Laussel ist diese werdende Mutter bekleidet: ihr schwangerer Bauch ist bis auf den Schlitz in ihrem Gewand verhüllt. Das hier dargestellte Mysterium hat nichts mit Mond, Blut oder Männern zu tun, denn nun geht es um eine unbefleckte Empfängnis, unbefleckt vom Geschlechtsakt. Sie ist folglich unfaßbar – das heißt, ein Wunder.

41

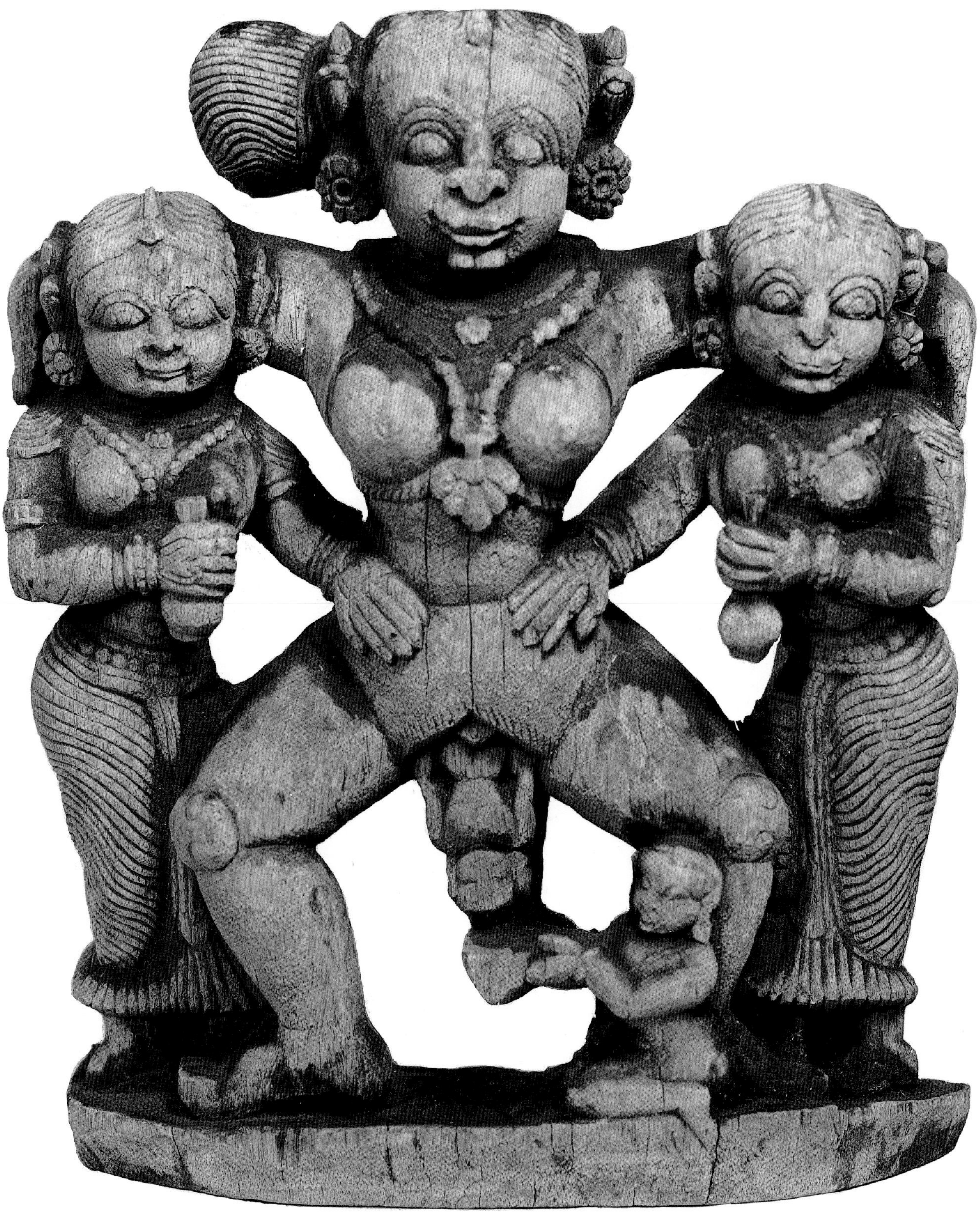

Zu keiner anderen Zeit ist die sterbliche Frau dem heiligen Weiblichen vielleicht näher als bei der Geburt. Schließlich hat die Große Mutter aufgrund der Abfolge von Geburt und Tod Bestand, und die Geburt trägt den Todeskeim immer schon in sich. Die Macht der Göttin wird in diesen Frauen erlebbar, die aufrecht stehend neues Leben in die Welt aussenden. Das vorgeschichtliche sabäische Felsbild aus dem Jemen (oben) zeigt Mutter und Kind, durch die Nabelschnur verbunden, als Spiegelbild. Die Energielinien, die vom Kopf des Kindes ausstrahlen, veranschaulichen den stetigen Strom des Lebens. Die südindische Holzplastik (links) aus dem 18. Jahrhundert zeigt die stille Freude, die eine Frau überkommen kann, die die Einheit mit der Göttin erreicht hat. Ihre drei Begleiterinnen sind ebenso gelassen und haben nur die Aufgabe, dem Baby sanft ins Leben zu helfen. Das Geheimnis der Wandlung wird der Frau durch das Wachstum des Fötus und im Moment der Geburt offenbar, und dieses älteste aller Blutmysterien, das alle Frauen für ein wahres Teilhaben öffnet, ist die eigentliche Grundlage des menschlichen Gemeinschaftslebens.

Die Urmysterien des Weiblichen sind immer mit der Vegetation verknüpft worden, weil die Frauen vertrauten Umgang mit der Pflanzenwelt pflegen. Blüten, Früchte, Mais und Weizen sind nicht nur eine Quelle der Nahrung, sondern auch Symbole der Fruchtbarkeit. Für das Erblühen des Mädchens stehen die Blüten, für ihre Reife die Früchte, die sie trägt. Die Knospen, die sich öffnen wollen, sind die Offenbarung der Mysterien der Liebe und des Lebens, in denen der Schoß sich durch Empfängnis und Fortpflanzung wandelt. Das mit Blumen geschmückte Mädchen versinnbildlicht die Prinzipien von Fruchtbarkeit und Wachstum. In Frankreich wird die erste Blutung der Mädchen »les fleurs« (die Blüten) genannt. Der Westwind ist es, der als der Frühlingsatem Chloris, die Grüne, in Flora, die Primavera verwandelt (*rechts*), während bei den Azteken Xochiquetzal, die Göttin der Blumen und der Liebe, mit Frühlingsfesten und heiligem Tanz in Verbindung steht. Fröhliche Lieder strömen wie Blütenbänder aus ihrem Mund (*unten*). Aus der Blüte oder Frucht des Lebens wird das Elixier der Unsterblichkeit gewonnen (Ausschnitte: Sandro Botticelli, *Primavera*, um 1482, Tempera auf Holz. *Codex Borbonicus*, aztekischer religiöser Kalender, frühes 16. Jh.).

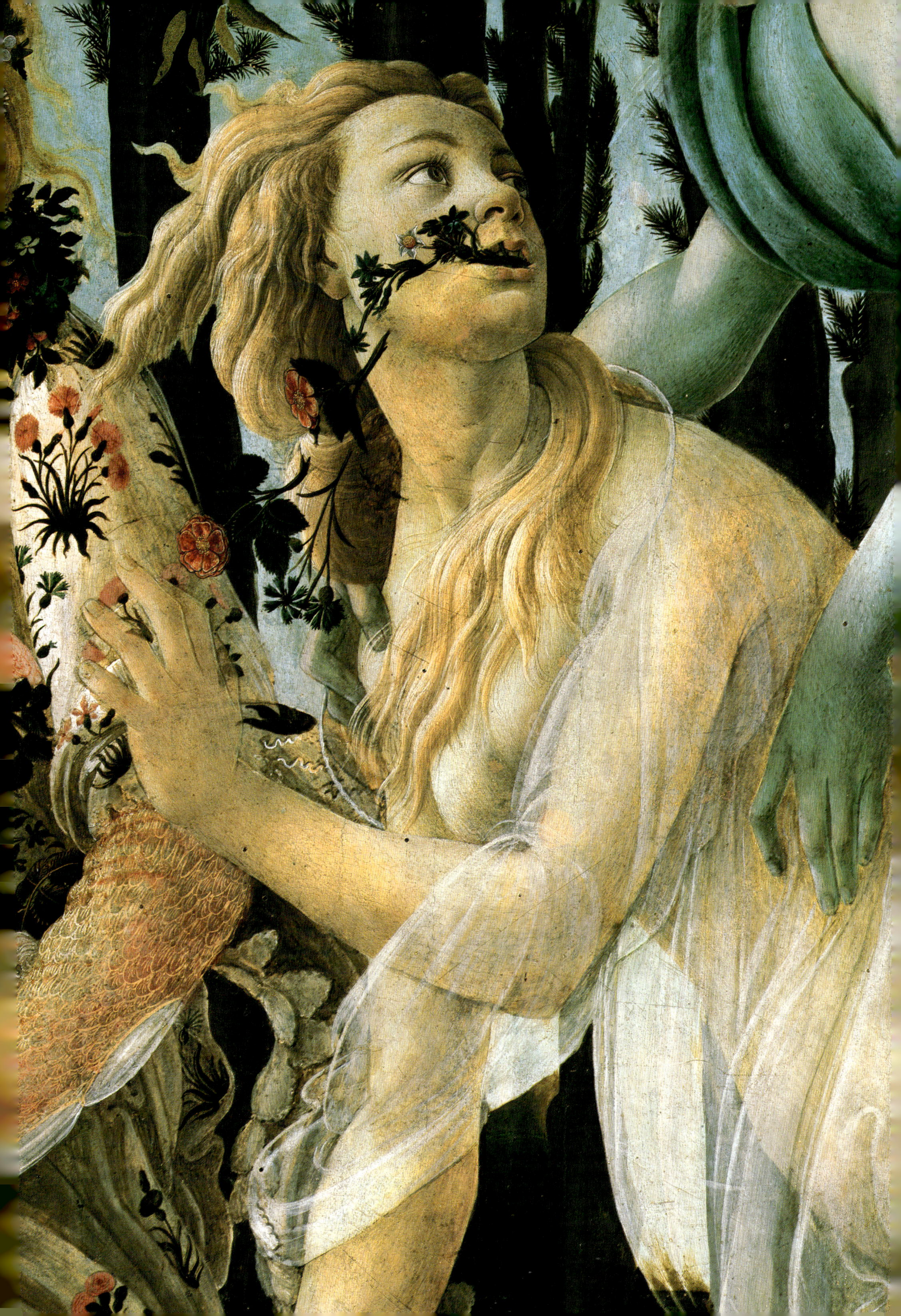

Sie wurde Tiergöttin oder Herrin der Tiere genannt. Ihre Namen in Europa und Ägypten waren unter anderem Artemis, Hekate, Kybele, Hathor, Isis, Britomartis, Diktynna, Kirke, Leto und Lilith. Wo sie auch auftaucht, sie erscheint als »Jungfrau«, als Frau, die mit sich und in sich eins ist. Auf der böotischen Amphora (oben) sehen wir sie die Tiere mit geflügelten Armen versammeln; auf dem Gobelin (rechts) halten Löwe und Einhorn ihr Zelt als Zuflucht für die Tiere, ihre Schützlinge, auf. Wilde und gezähmte Tiere, die in der Luft, auf dem Land, im Wasser leben, huldigen ihr, und sie ihnen, denn sie vereinigt alle Gegensätze. Diese Gegenseitigkeit ist Ausdruck einer Participation mystique, in der alle Lebewesen als voneinander abhängig gesehen werden. Als Herrin der Tiere ist sie auch Jagdgöttin; ihr bringen die Jäger Opfer dar, als Dank an die Geister der Tiere (Athen, Amphora im geometrischen Stil, um 680 v.Chr.; Frankreich, Cluny, *Die Dame und das Einhorn*, Gobelin, spätes 15. Jh.).

47

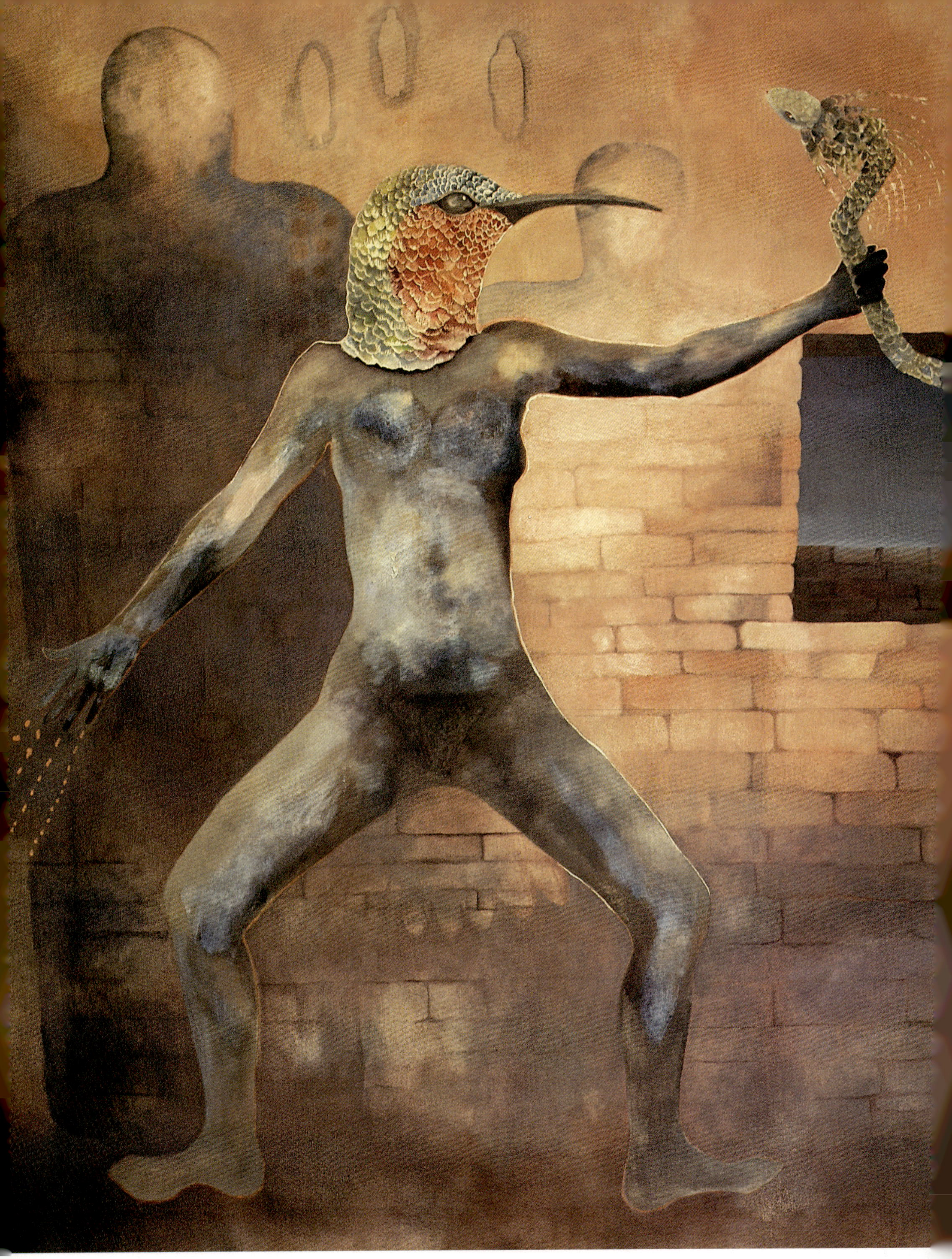

Die Wandlungskraft, die Fähigkeit, ganz allgemein Tiergestalt anzunehmen, vor allem aber zum Vogel, zur Schlange zu werden, ist eine der vielen Gaben der Göttin. Die Vögel, die zwischen dem Reich der Erde und dem des Himmels schweben, verweisen auf den Seelenflug der Schamanen und die visionäre Botschaft, die den Menschen mitgebracht wird. Das alte Felsbild aus der Sahara mit den vier Vogelgöttinnen als Darstellung der schwarzen, gelben, roten und weißen Rasse zeugt ebenfalls von der ekstatischen Schamanenreise in die jenseitige Welt (unten). Sie stehen in den vier Himmelsrichtungen, tragen Schlangen auf dem Kopf und rufen mit erhobenen Armen die Kräfte des Himmels und der Erde an. (Jabbaren, 3500–2500 v.Chr.) Im Bild *Blue Hummingbird Holding Earth and Sky* (links) der Künstlerin Colleen Kelley (1986, Öl auf Leinwand) öffnet sich die Kolibrigöttin der Welt. Sie ist in einer *Kiva*, einem unterirdischen Tempel, hinter ihr die Ahnen. In der Hand hält sie die gefiederte Schlange, die in Mexiko Quetzalcoatl heißt. Die Sage berichtet, ein blauer Kolibri habe als Bote die von einer Dürre bedrohten Bewohner des Chaco Canyons in ihre neue Heimat in der Nähe eines heiligen Sees in Mexiko geführt. Ihre Botschaft heißt Immanenz, denn sie blickt zum »Himmelsfenster« und in die Natur dahinter.

Die Große Göttin ist der Heilige Berg. Hier im Schoß der Göttin ereignet sich der *hieros gamos*, die heilige Hochzeit von Himmel und Erde. Die Bergmutter herrscht sichtbar über das umliegende Land, und Plätze wie Machu Picchu, die Berge Annapurna, Chomo-Lung-Ma (Mount Everest), Hara und Fuji erinnern uns, daß sie die Göttin sind, die in der Natur thront. Das Bild der Heiligen Reinheit, die aus dem Berggipfel von ihren Löwen bewacht aufsteigt (*rechts*), erinnert an die alte anatolische Berggöttin Kybele. Ähnlich sitzt die Verkörperung der Göttin aus Sumer in zeremonielle Gewänder gehüllt auf ihrem Bergthron (*links*). Der Name der großen Königin »Isis« bedeutet eigentlich »Thron«, und überall kommen die Könige in den ganzen Besitz ihrer Macht, wenn sie durch den Akt der »Thronbesteigung« in den Schoß der Göttin zurückkehren (Werkstatt des Hans Memling, *Heilige Reinheit*, 15. Jh.; Mari, sitzende Göttin, um 2400 v.Chr.).

51

Auf Bali verkörpert die böse Hexe/ Witwe Rangda (*rechts*) den dunklen Aspekt des Weiblichen. Die ihr und dem guten Drachen Barong geweihte Zeremonie wird an einer Wegkreuzung abgehalten, dem Lieblingsplatz der dunklen Schicksalsgöttin, die im antiken Griechenland Hekate hieß. Rangda wird wie Shivas Gemahlin Durga nie ausgeschaltet, da sie die große Zerstörerin ist und den Tod bringt. In der balinesischen Tanzpantomime, die zugleich Exorzismus ist, verfallen die Männer dem Bann Rangdas und versuchen, sich mit dem scharfen *Kris* oder Dolch selbst aufzuspießen. Barong verscheucht Rangda für eine Weile und rettet die Männer, die er mit geweihtem Wasser bespritzt. Das Weiterbestehen Rangdas offenbart die Göttin in ihrer tiefsten Beziehung zu Leben und Tod, denn sie ist es, die die Schöße öffnet und verschließt.

Als der große Dämon Mahishasura als Verkörperung der zerstörerischen Kräfte des phallischen Prinzips die Welt durch seine Unwissenheit gefährdete, stieß die Große Göttin Durga ihren Schlachtruf aus (*oben*). Auf dem Tiger reitend stellte sie sich dem Riesenheer der Dämonen mit einer Armee grimmiger Göttinnen entgegen, die aus ihrem Atem entstanden waren, unter ihnen Parvati, Kalika und Ambika. In finsterstem Zorn gebar die Göttin die schreckliche, ausgemergelte Kali, die ohrenbetäubend die heilige Silbe *Hum* brüllte und das Dämonenheer tötete. Kali trank dann das *rakta-bija* oder Keimblut der Dämonen, um die zerstörerische Kraft der männlichen Energie zu neutralisieren (Schule von Kangra, etwa 18. Jh., Gouache auf Papier).

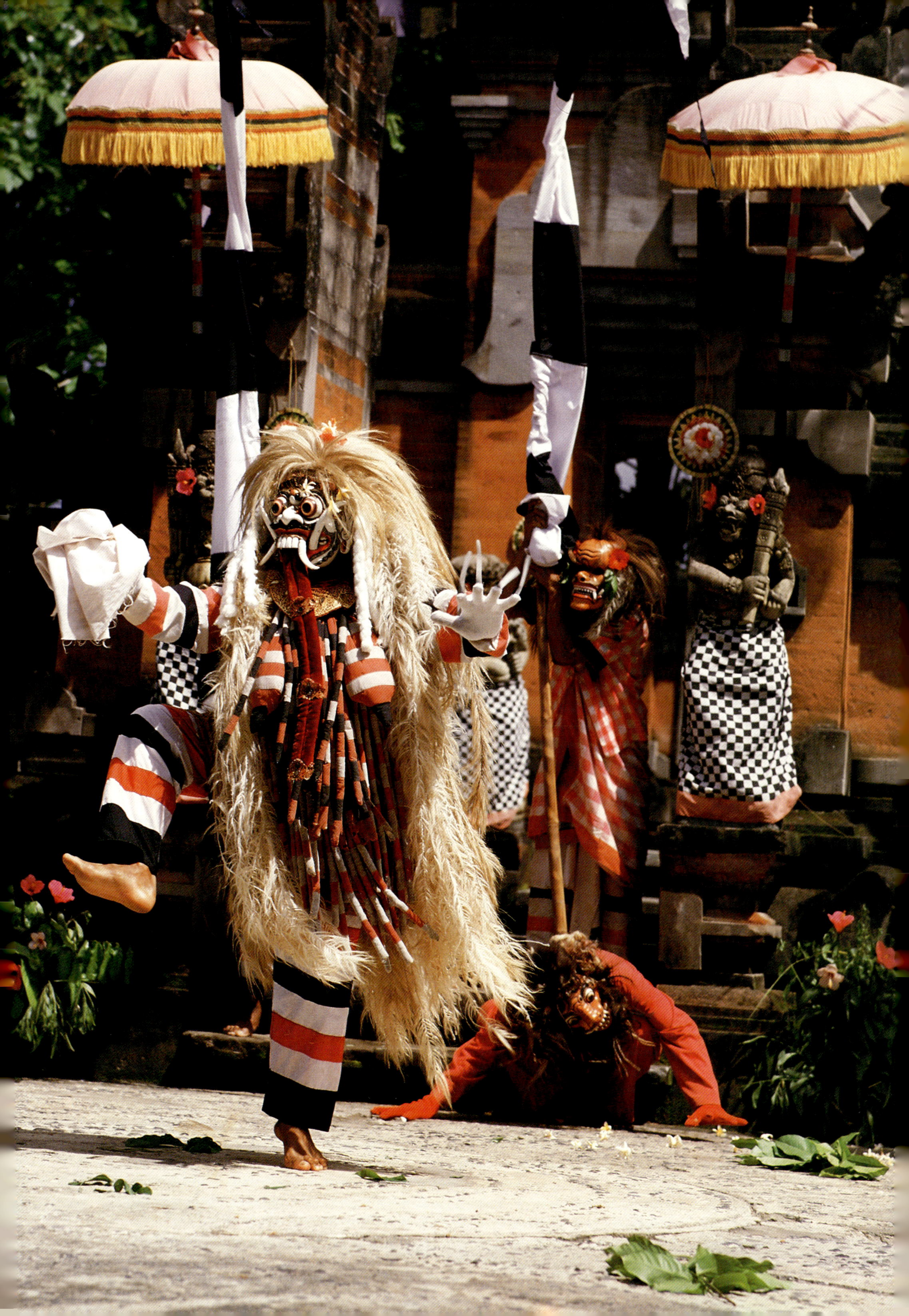

Die Herrin der wilden Tiere ist die Göttin in ihrer ungebändigten Erscheinung. Sie ist eins mit allen Aspekten der Natur, von den heulenden Wölfen bis zu den sanften Rehen. Frei von den Fesseln der Zivilisation durchstreift sie mit orgiastischer Lebenslust die Wildnis. Als Wilde Frau kennt sie keine Angst, und wenn sie in mänadische Raserei gerät, kann sie die Herzen der stärksten Männer zum Zittern bringen. Auf einer griechischen Vase des 5. Jahrhunderts v. Chr. hüllt das Fell eines Rehkitzes die Schultern ein, und um den Arm ringelt sich eine Schlange. Barfuß schreitet sie über die Erde (*rechts*). Ein Felsbild der Tassili aus der Sahara zeigt die »Weiße Herrin« von Aouanrhet im Lauf, nackt bis auf ein Tuch um die Hüften, auf der Haut vermutlich Ziernarben, Opferzeichen der Pubertätsriten (*links*). Der ekstatische Geist dieser wilden Jungfrauen sollte später ein Element der heiligen Mysterien des Dionysos und der eleusinischen Demeter werden.

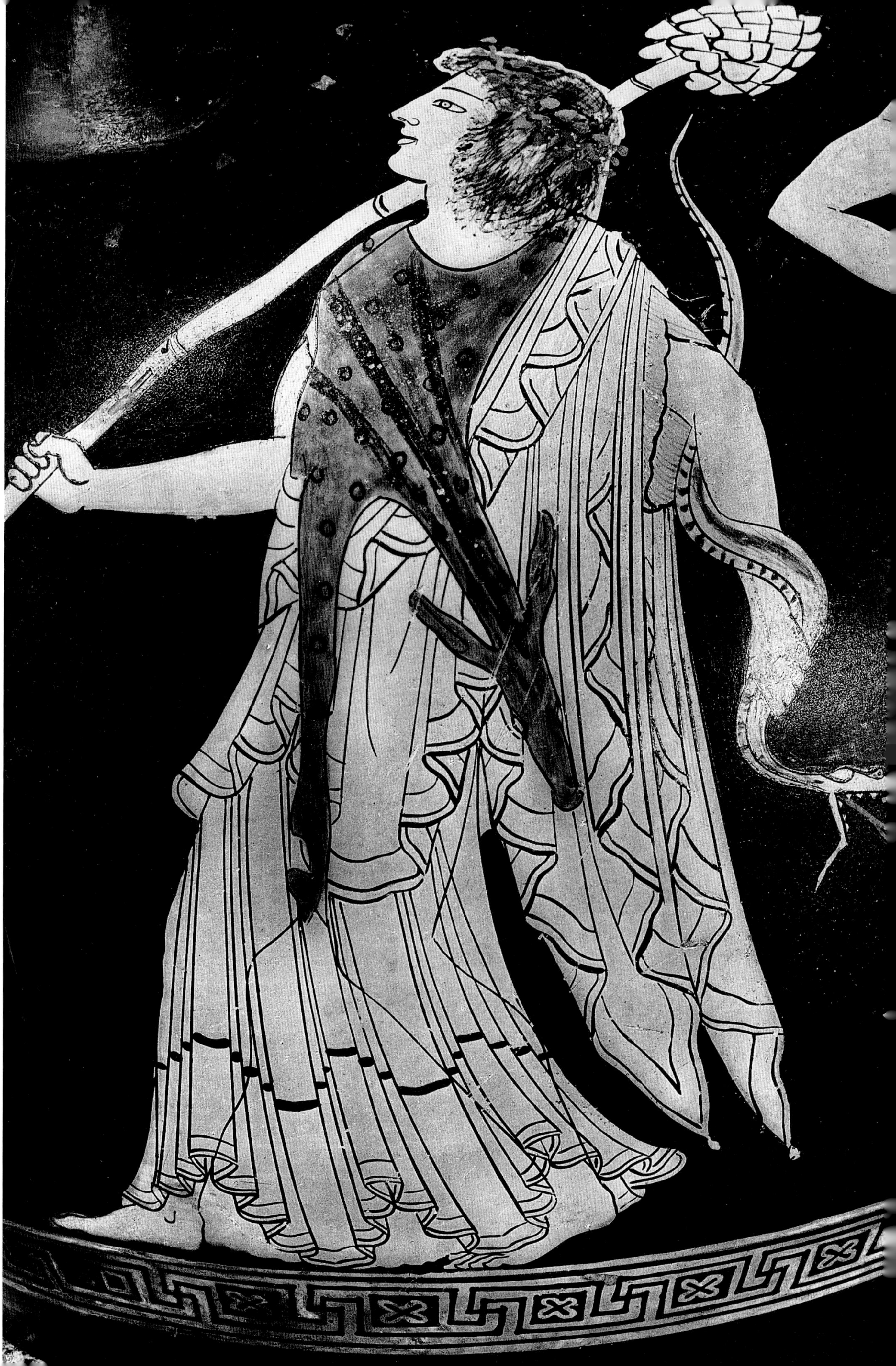

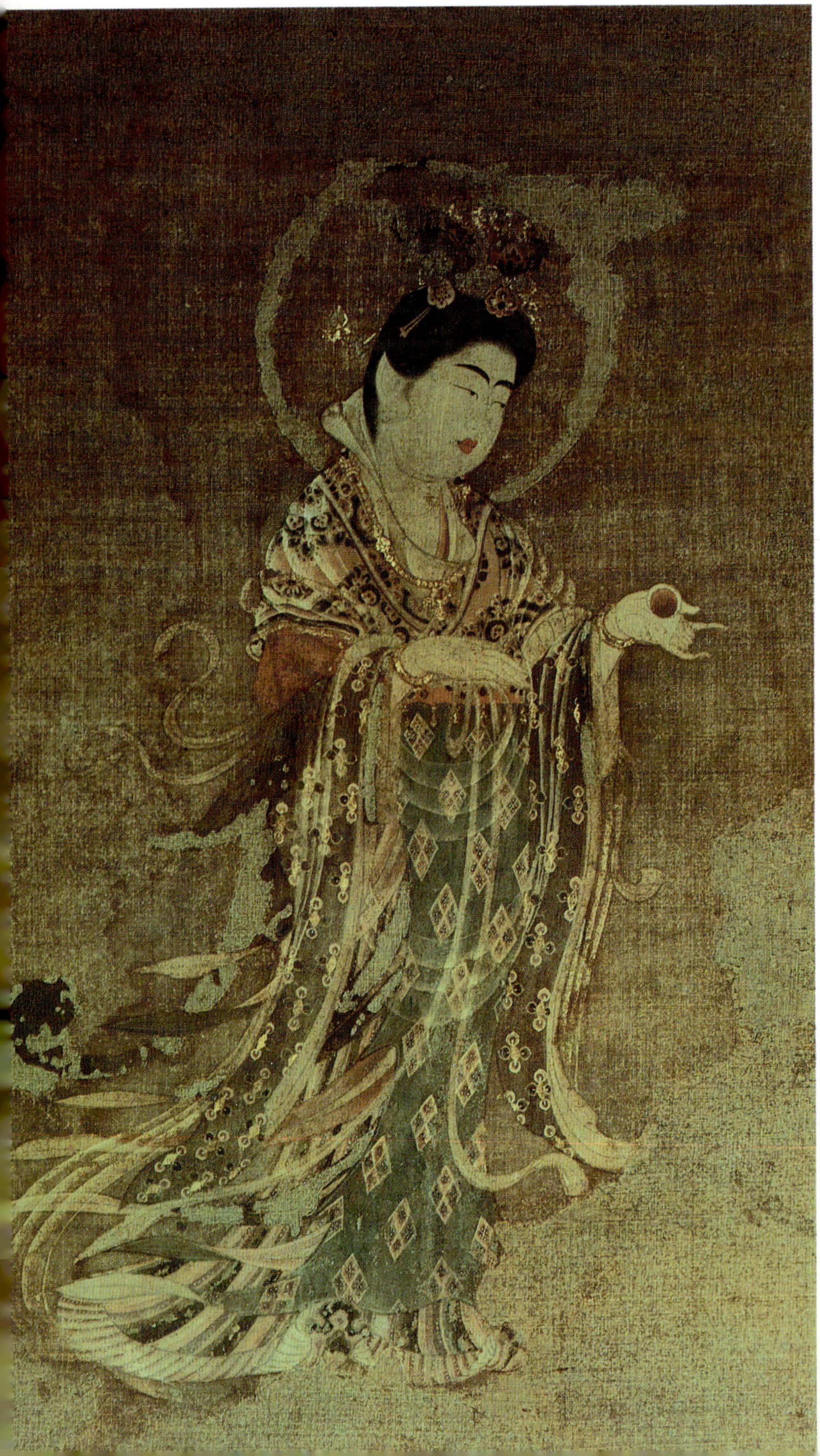

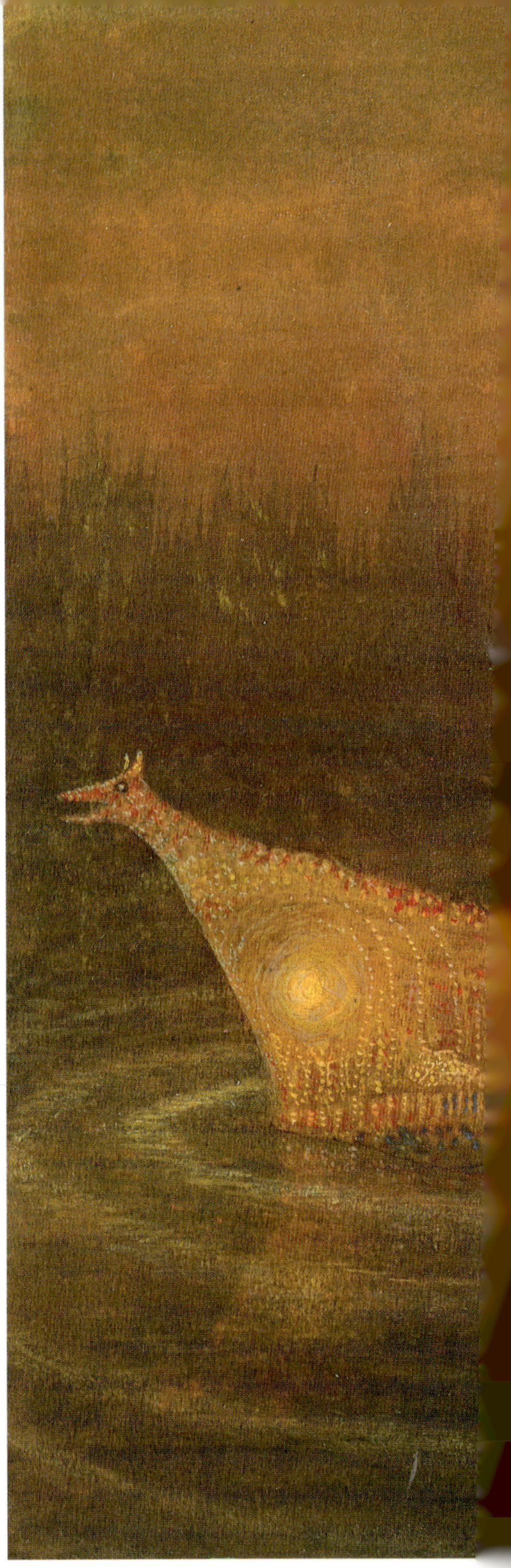

Das Glück der Welt wird von einer Göttin mit dem Antlitz des Mondes gelenkt, die ihre Wandlungen durchlebt, ein Vorbild für die Frauen. Im alten Rom hieß sie Fortuna; ihr Symbol im Westen ist das Glücksrad, auf dem Frauen und Männer zum Glück aufsteigen – und daher auch stürzen können. Manche nannten sie wegen ihrer Wandelbarkeit launisch. In Indien heißt sie Lákshmi, wie Aphrodite aus dem Meer des Weltbeginns geboren, und in Japan Kichijō-ten, die in der Hand das Wunschjuwel trägt, das eigentlich die Welt ist (*links*). Als Mondmutter wird sie manchmal Schicksal genannt. In dieser Gestalt steuert sie das Leben des Universums durch die Wasser der Zeit (*oben*). (Japan, Nara-Periode: 8. Jh., farbig, auf Hanfpapier; Annie Truxell, *Journey to Mu*, 1986, Tusche und Acryl)

Das Bild der Kosmischen Frau verdeutlicht, daß alles aus der Frau geboren ist – selbst die Götter. Sie sitzt mit erhobenen, nach außen weisenden Armen, und der Schöpfer Brahma ruht in ihrer Yoni. Zwischen ihren Brüsten thront der Erhalter der Welt, Vishnu, auf ihrem Scheitel der Herr des Universums, Shiva. All ihre Macht ist ohne die schöpferische Energie der Göttin als Shakti kraftlos, denn nur sie verleiht allen äußeren Manifestationen die innere Kraft (Rajasthan, Indien, 18. Jh., Gouache auf Papier).

Die Heilige Mutter Kirche läßt diesen Grundsatz ebenfalls gelten. Der geschnitzte Schrein der Jungfrau (rechts) öffnet sich und offenbart, daß die heiligen Mysterien der Kirche mit Gottvater und Gottes Sohn im Leib der Jungfrau enthalten sind. Die Verehrung der allerbarmherzigsten Maria reicht bis in unsere heidnischen Ursprünge zurück, wo sie die erhabene Himmelskönigin war. Wie dieser Schrein erinnern uns die großen Kathedralen, die oft der »Notre Dame« geweiht sind, daß wir, wenn wir sie aufsuchen, in den Leib der Gottesmutter eingehen (Deutschland, spätes 13. – frühes 14. Jh., Holz, Leinen, Kreidegrund, vergoldet).

59

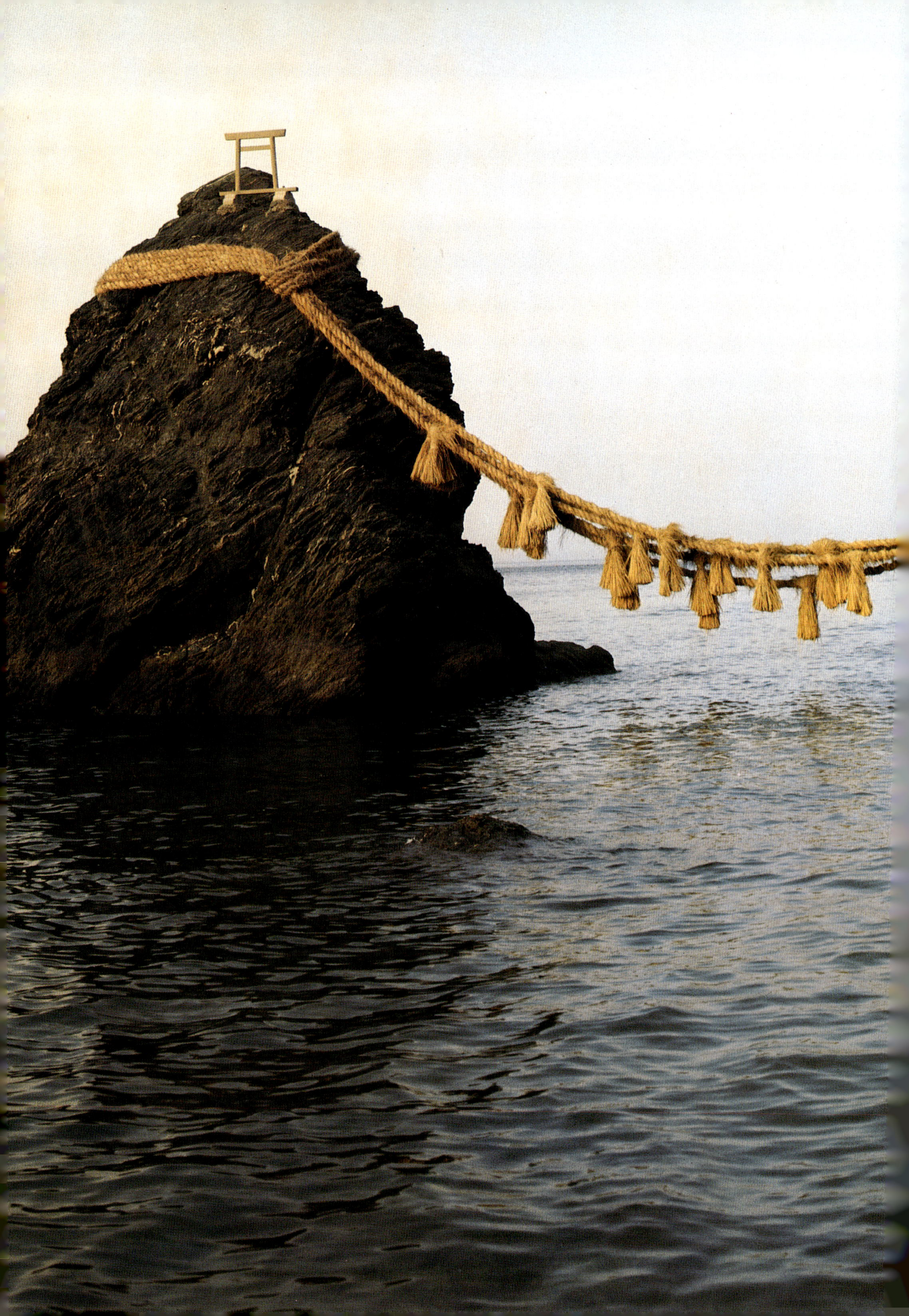

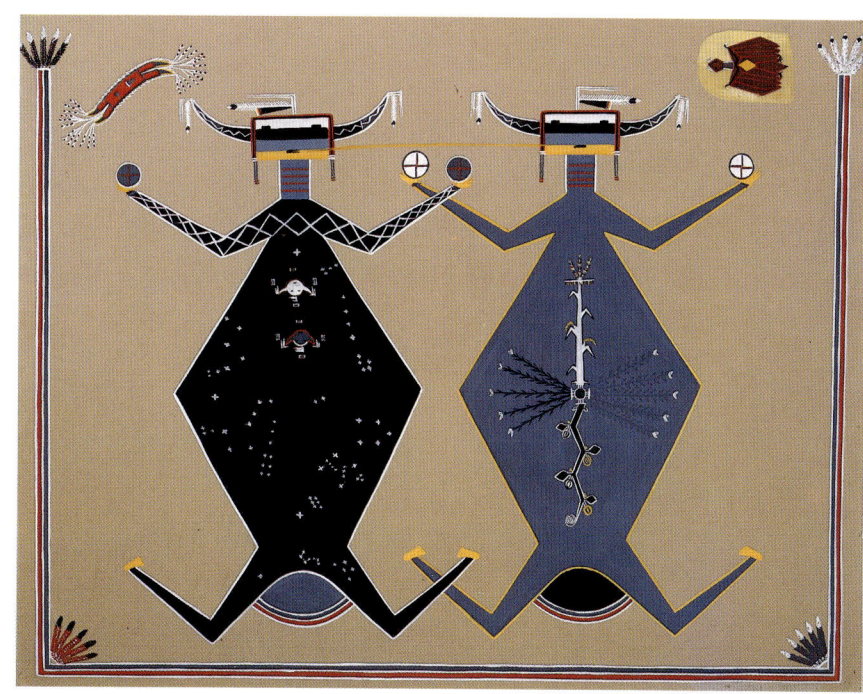

Die kosmische Einswerdung der männlichen und weiblichen Kräfte ist das Ritual der Heiligen Hochzeit. Die Vereinigung der Gegensätze gebiert die Welt der Erscheinungen, in Indien zum Beispiel mit Shiva und Shakti, oder in Japan, wo die Verheirateten Felsen von Futamigaura die mythischen Schöpfer Japans versinnbildlichen, Izanagi und Izanami. Bei den Navaho-Indianern heißt das kosmische Paar schlicht Erdmutter und Himmelsvater (*oben*): sie trägt in ihrem Körper die Maispflanze, er in seinem das Firmament. In den Sandbildern sind sie stets gleich groß und wichtig, denn nichts ist ohne diese harmonische Urbeziehung möglich. Der Gesang des Pfads der Schönheit der Navaho betet beide Kräfte gleichermaßen an:

»Erde, durch die langes Leben ist, durch die ich langes Leben bin, wenn ich dies spreche.
Himmel, durch den langes Leben ist, durch den ich langes Leben bin, wenn ich dies spreche.
Es ist wieder gesegnet, es ist wieder gesegnet.
Es ist wieder gesegnet, es ist wieder gesegnet.«

61

Das strahlende und gütige Wesen der Herrin der Engel und der Lotosgöttin der Höchsten Weisheit ziehen uns hin zur Wandlung und Erleuchtung. Im Lotosboot oder auf der Mondsichel von der Erde fortgetragen erhebt sie sich in die kosmischen Himmelssphären, und ihr geistiges Wesen ist von Lichtglanz umflossen. Sie gewährt die »Vervollkommnung des Wissens« und stellt aufgrund der Tugend ihrer göttlichen Weiblichkeit die reinste Form der geistigen Wandlung dar. Tara steht auf dem Lotos, dem wichtigsten Symbol für die Yoni (*links*). Zur heiligen Blume der jungfräulichen Göttin wurde im Westen die sich selbst befruchtende Lilie oder Fleur-de-lis, Symbol der Lilith, Astarte, Juno und Maria. Wer sich der erhabenen Göttin der Reinheit hingibt, wird »wie Lotosblüten, die sich über den Wasserspiegel erheben und ihre Kelche dem ungebrochenen Himmelslichte erschließen« (Heinrich Zimmer) (Frankreich, *Die Jungfrau und die Tugenden*, 16.–17. Jh., Emailtafel; Tibet, *Tara*, 18. Jh., Gouache und Gold auf Stoff).

SANCTA
DE M LO
RECTA

Zentraler Punkt der Kosmologie der Huichol ist die Einnahme des Peyote-Kaktus durch den Stamm. Das visionäre Reich, das im Innern aufleuchtet, soll den Menschen helfen, zu ihrem Leben zu finden. Für die Huichol ist die gesamte Natur von Geistern erfüllt. Urgroßmutter Nakawe birgt in ihrem Körper die Taube, die Unsere Mutter Kukuruku symbolisiert, den Mais-Geist. Wenn die Erde durch die Sonne über ihrem Kopf und die Regengöttinnen der vier Himmelsrichtungen fruchtbar wurde, wächst der Mais aus dem Körper der Tatei (Unsere Mutter) Urianaka empor (Crescencio Perez Robles, *Die Erdgöttin zum Pflanzen bereit*, 20. Jh., Garn auf Sperrholz, Wachs).

Themen

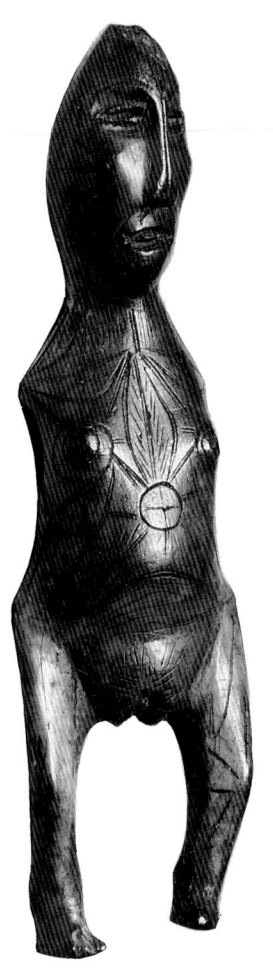

Tor der Initiation

Der erste Übergangsritus aller Menschen beginnt im Mutterleib und endet zwischen den Schenkeln der Großen Mutter. In Indien heißt die Vagina oder Yoni auch *cunti* oder *kunda*, verwandt mit »kennen, kund, Kunst«. In alter Zeit wurde die Yoni überall als etwas Großes, Geheimnisvolles verehrt: Höhleneingänge, Mauern mit Toren und Pfeilern stellen das Schoßheiligtum des göttlichen Weiblichen dar. (Megalithischer Dolmen, Malabar, Indien; *oben*). Der Ort der Geburt und der Totenbestattung sind jedoch oft identisch. Auf Malekula (Melanesien) bedeutet das Wort für Dolmen »herauskommen, geboren werden«. Die schoßartigen Grabanlagen aus Stein waren natürlich entstandene Gebilde oder Bauten, die an den Körper der Großen Mutter erinnern sollten. Hier ereigneten sich die Mysterien der Geburt und Wiedergeburt.

Zahllose Bildwerke aus allen Zeiten und Kulturen verherrlichen ohne jede Scham den Venushügel. (Fruchtbarkeitsfigur der Eskimo, Walroßzahn, Okuik-Kultur, Alaska, 1. Jh. v. Chr.; *links*). In der tantrischen Tradition Indiens wird die Yoni von allen in Tempeln als Quelle des Lebens, der Schönheit, der Freude verehrt. (Bild der Göttin als Schöpferin, Hyderabad, um 600; *gegenüber, oben links*). Wenn die Skulptur in Reichweite ist, polieren die Hände, die durch Berührung den Segen der Göttin erlangen wollen, sie glatt. Das Yoni-Wassergefäß (Südindien, Bronze, 18. Jh.; *gegenüber, unten links*) ist ein weiteres schönes Bild der Lebenskraft, die durch das Weibliche fließt.

Diese offene Freude an der Vulva ist der westlichen Kultur eher fremd, wenn auch nicht unbekannt. In keltisch geprägten Gegenden Englands gibt es Kirchen, die Heidnisches bewahrt haben, das den Körper der Frau feiert. Die Sheela-na-Gig ist so ein Überbleibsel (Kirche St Mary and St David, Kilpeck, Herefordshire, England; *gegenüber, oben rechts*). Ihre Botschaft ist jedoch zweischneidig: die Öffnung der Vagina und das lächelnde Gesicht erwecken Ehrfurcht und Schrecken. Man könnte sich zu tief in sie vorwagen und das Tageslicht nie wiedersehen. Die Steinstele aus Cerro Jaboncillo in Ecuador (*gegenüber, unten rechts*) stellt den *mons Veneris* als Ort dar, an dem sich drei Wege treffen. Die Wegkreuzung ist stets ein Symbol der Dreifachen Göttin, besonders der alten Frau. Hier wird der Dunklen Göttin des Lebens und des Todes geopfert, hier ist der beste Ort für magische Handlungen.

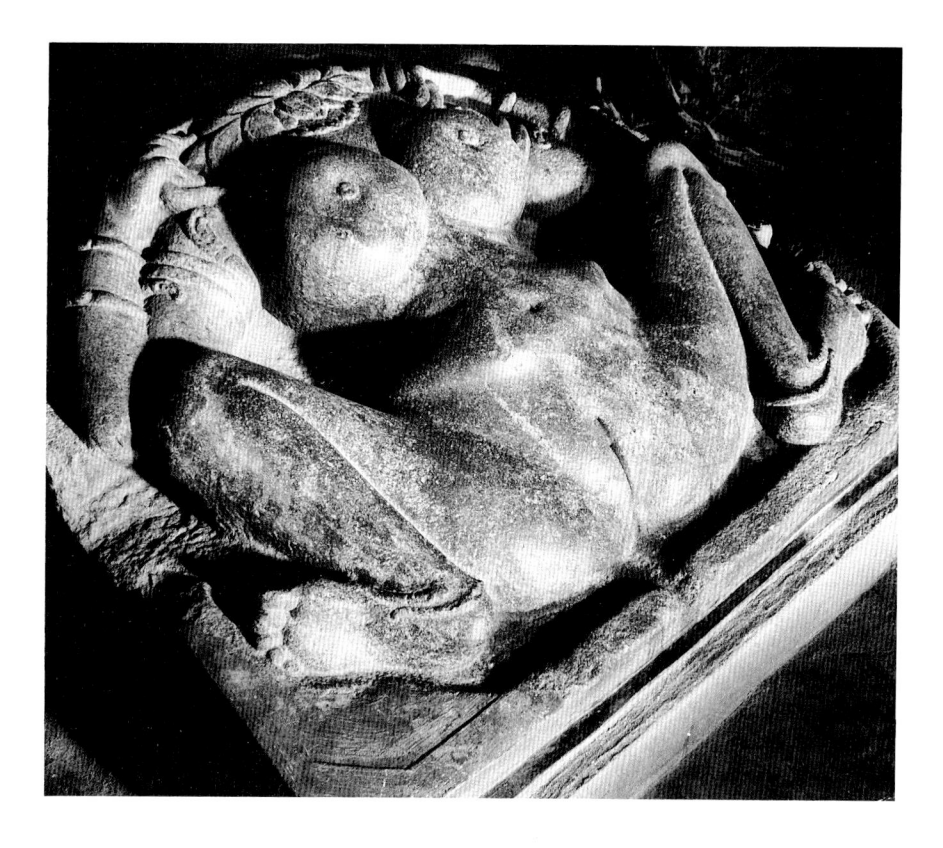

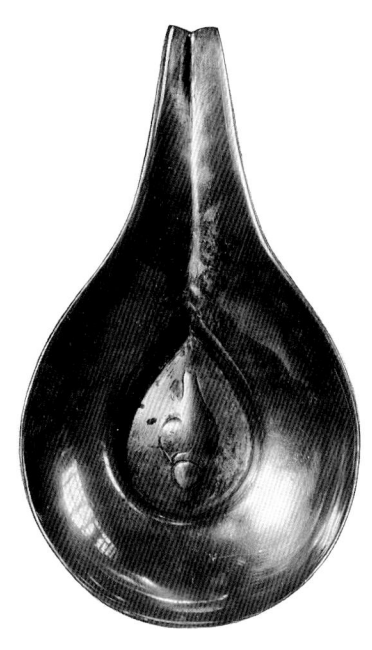

Ein Liebesdienst

In der tantrischen Tradition ist jede Frau eine Verkörperung des göttlichen Prinzips, als Shakti bekannt. Durch die Weckung der *Kundalini*-Kraft kann jede Frau ihr höchstes schöpferisches Potential erreichen, denn die kosmische Befruchtung der Schlangenkraft führt ein äußerstes Bewußtsein der Wirklichkeit herbei. Das Erwachen, das Einbringen dieser Kraft in die Welt manifestieren sich am häufigsten im Vorgang der Geburt. Die löwengestaltige Schwangere aus Phönizien verkörpert die Zeit des Reifens, die nötig ist, wenn etwas Schönes in die Welt kommen soll (Friedhof, Akhziv, Israel, 5. Jh. v.Chr.; *links*). Ihr nach innen gerichteter Blick weist auf die verborgenen Quellen der Kraft, Gelassenheit und Weisheit hin, die durch den Gang ins Unbekannte erschlossen werden können.

Die Geburt eines Kindes, einer Idee, eines Kunstwerks bringt immer Schmerzen. Die Huichol-Indianer glauben, der Gefährte der Frau solle Anteil am Schmerz und an der Lust des Gebärens haben. Er sitzt im Gebälk über ihr, und seine Hoden umschlingt eine Schnur, an der sie bei jeder Wehe zieht. Am Ende freut er sich über die Geburt des Kindes so wie sie! Dieses Teilhaben an den Geburtsschmerzen, Couvade genannt, auf das sich der Mann um die Zeit der Ankunft des Kindes einläßt, findet sich bei vielen Eingeborenen. (Zeitgenössisches Garnbild der Huichol, Kalifornien; *unten*).
Wie bei den meisten wichtigen Ereignissen des Lebens bleibt frau bei der Geburt am besten auf den Beinen. Die Geburtsszenen von drei Kontinenten zeigen die Frauen beim Gebären in einer Hockstellung (*gegenüber, oben links*; Aztekische Steinskulptur der Tlacolteutl, Göttin der Geburt, Aplit, Tal von Mexiko,

1325–1521. Kopf einer Bronzenadel, Luristan, 1. Jahrt. v.Chr.; *unten links*. Felsbild der Aborigines, Anbangbang Shelter, Kunwinjke Bim, Western Arnhem Land, Australien; *unten rechts*). Manchmal sind Helferinnen zugegen, aber es ist die Schwerkraft, die den Frauen gebären hilft. Das Wunder der Geburt war und sollte für alle Frauen ein Moment des Starkwerdens sein, da er tief mit dem Mysterium der Wandlung verknüpft ist. Der Wandlungscharakter des Weiblichen »als das Schöpferische an sich umfaßt die ganze Welt. Diese Ganzheit in ihrer ursprünglichen Einheit ist die der Natur, aus der alles Leben entspringt, sich entfaltet und als höchste Wandlungsform die des Geistes annimmt.« (Erich Neumann)

Die Milch der Liebe und Güte

Die Griechen erzählten, die erste Schale sei nach der Brust der Helena geformt worden, und noch heute geben die Frauen der Zuni in Nordamerika ihrer Keramik diese Form. (Gefäß der Lausitzer Kultur, um 1400–500 v.Chr.; *oben links*). Das Rhyton aus dem kretischen Mochlos (um 2000 v.Chr.) und der nachklassische mexikanische Krug aus Huastec (*unten links und rechts*) sind Weihegefäße, die im rituellen Leben eine große Rolle spielten. Das Ausgießen der Milch aus den Brüsten führt die Mysterien der Wandlung weiter und spielt auf die Großzügigkeit der Göttin an. Im Gefäß sind ihr Nähren, ihre Fürsorge, ihr Halten und Schützen betont. Alles nimmt sie wieder zurück in ihren Schoß.

In Java findet sich an der Wand eines Badeteichs ein Bild der Göttin Belahan (11. Jh.), aus deren Brüsten das Wasser einer heiligen Quelle strömt (*gegenüber, ganz rechts*). So wird die Quelle als der Göttin zugehörig erkannt und das Baden zu einem reinigenden und heilenden Ritual – denn das Nächstbeste nach der Muttermilch ist reines Wasser.

Das Halten und Darbieten der Brüste ist Teil der Erscheinung der Göttin, ein Hinweis, daß sie das Leben erhält. Als Demeter um ihre Tochter Persephone trauerte, wurde die ganze Welt unfruchtbar, und die Götter mußten sie anflehen, der Erde die Fülle zurückzugeben. (Griechische Terrakotta, 5. Jh. v.Chr.; *gegenüber, oben*). Selbst im Tod bieten die vier Vertreterinnen der Göttin Astarte die Brüste dar, um die Seele auf der Reise in die Unterwelt und weiter zu nähren. Sie bestätigen von neuem, daß der Tod wie das Leben unter dem Schutz der Göttin stehen. (Schmalseite eines Sarkophags, Kalkstein, Amathus, Zypern, 6. Jh. v.Chr.; *gegenüber unten*).

71

Gaia Genetrix

Die Blutmysterien des Weiblichen beginnen mit der ersten Menstruation, wenn sich der Körper des Mädchens in den einer Frau verwandelt. In der Schwangerschaft ist es das Blut, das den Fötus in der Mutter wachsen läßt, und durch die Geburt verwandelt sich Blut in lebenspendende Milch. Das Bild der Mutter mit Kind ist überall und in jeder Epoche anzutreffen: in altsteinzeitlichen Höhlen, in Osteuropa und dem Mittelmeerraum als stark stilisierte Figuren mit Ritzmustern, oder als zeitgenössisches Kunstwerk von Henry Moore (*links:* Geometrische Figur, Zypern, 2300–2000 v.Chr.; Henry Moore, Bronze *Mutter und Kind*, 1953). Gewöhnlich wird die Mutter mit einem Kind an der Brust dargestellt, doch manchmal wird sie auch mit Zwillingen gezeigt, ein Bild ihrer Fülle. In vielen Kulturen gilt die Ankunft von Zwillingen als ungünstig, und sie werden sofort getötet. Viele dualistische Systeme gehen auf das Erscheinen von Zwillingen zurück. Wie im Christentum ist einer oft

darbrachte, bestand aus Brot, das sie durch die Entdeckung des Getreideanbaus ermöglichte, und aus Milch, die aus ihren Brüsten strömte. Die Eingeweihten tranken die Milch aus einem Becher in Form einer weiblichen Brust, weil Isis als Mutter Natur die Mutter von allem ist.

Die Yoruba-Frau mit dem Kind an der Brust (Holzskulptur, Nigeria, 19–20. Jh.; *rechts*) und die Plastik aus Peru stellen die beiden Pole der Mutterschaft dar. Die Afrikanerin ist stolz auf ihre Mutterschaft und stillt das Kind mit großen, festen Brüsten. Die peruanische Frau hält ihr Kind jedoch von der Brust fortgewandt (Frühperuanisches Gefäß, Tal von Moche, Nähe Trujillo; *unten*). Um den Kopf hat sie das Band, mit dem Lasten getragen werden, und der Körper ist gebeugt. Die biologische Notwendigkeit der Mutterschaft kann in der Tat Bürde und Segen sein.

Gott, der andere sein Zwillingsbruder, der Teufel; ebenso in Persien Ohrmasd und Ahriman. Die keltische Göttin Arianrhod gebar die Zwillinge Dylan und Lleu, die beiden Mächte des Lichts und der Finsternis. Zwillinge bedeuten nicht immer Unglück. In einem Schöpfungsmythos der Haida (Nordwesten der USA) finden wir eine indianische Version des Märchens von der Schönen und dem Tier: ein Mädchen verliebt sich in einen Bären und schenkt ihm zwei Bärenjunge, die wegen ihrer ungewöhnlichen Herkunft als halb göttliche Wesen gelten. (Bill Reid, Dose, Gold, Kanada 1972; *S. 72, unten links*). Bei den Hopi gebiert die Spinnenfrau zwei Söhne, die als Krieger den Stamm schützen. Weitere hilfreiche Zwillinge sind Artemis und Apollo, Castor und Pollux, der Morgen- und Abendstern. In Frankreich stellte Honoré Daumier *La République* (1848) als Große Mutter dar, von der die Zwillinge der freien Nation ernährt und erzogen werden (*S. 72, unten rechts*).

In Ägypten bietet Isis, die Herrin des Überflußes, einem fast erwachsenen Horus die Brust dar, vielleicht um ihn zu erinnern, wo die Wurzel seiner Macht liegt (Relief, Tempeltor, Dendera; *oben*). Die Kommunion, die Isis der Welt

Die Wasser des Lebens

Von den vier Elementen wird das Wasser, das der Mond regiert, am häufigsten dem Weiblichen zugeordnet. Das ungeborene Kind ist von den Wassern des Lebens umgeben, den Urwassern. Wasserwege, Brunnen, übernatürliche Quellen und geheimnisvolle Seen waren immer Lieblingsplätze der Göttin. An diesen Orten wird deutlich, wie schwer sie zu fassen ist; so nimmt sie oft beim Baden andere Gestalt an. Die Göttin ist öfter heimlich beim Baden beobachtet worden, und das hat nur Unglück gebracht. Nereiden, Najaden, Nymphen und andere Wassergeister wie Meerjungfrauen geben sich gern boshaften, schelmischen Spielen hin, oft auf Kosten der Menschen. (Venus mit Nymphen, Coventina's Well, High Rochester, England, 2.–3. Jh.; *oben rechts*. Meerjungfrau an Chorgestühl, Holz, Kathedrale von Exeter, England, um 1230–70; *rechts*. Relief mit tanzenden Nereiden, Kalkstein, Nildelta, Ägypten, 6. Jh.; *unten*).

In Mexiko heißt die Wassergöttin Chalchihuitlicue, die Göttin des Jadeunterrocks. Sie war für die große Flut verantwortlich, die die Welt im letzten Zeitalter zerstörte (Tonfigur aus Tajin, 4.–9. Jh., *gegenüber, oben links*). Chalchihuitlicue sah wie Gott in der biblischen Geschichte von der Sintflut, daß die Menschen auf Abwege geraten waren, und sorgte für das Überleben einiger Auserwählter. Sie baute eine Brücke von der vierten in die fünfte Welt, über die sie sich in Sicherheit bringen konnten, und schickte dann Regen, der die Übeltäter vernichtete. Später erinnerten große Pilgerfahrten an ihre Güte, die Gerechten geschont zu haben, und die Menschen flehten sie im Tempel um Regen für die Felder an.

Die Eskimo fürchten und lieben die Meergöttin Sedna (Abdruck eines Steinschnitts der Inuit, 1961; *gegenüber, oben rechts*). Als Mutter des Meeres gewährt sie den Menschen Nahrung im Überfluß; Walrösser, Seehunde, Wale stehen unter ihrer Obhut. Zu ihr wird um Jagdglück gebetet, vor allem aber um Schutz vor den Tücken des eiskalten Wassers. Sedna durch Worte oder Taten zu erzürnen kann für den gefährlich lebenden Eskimojäger den Tod bedeuten.

In Japan werden beim Totenfest Tausende kleiner Boote mit Speisen und Nachrichten für die Verstorbenen gefüllt. Ihre Seelen werden gebeten, in den Booten Platz zu nehmen, die dann auf dem belebenden Wasser freigelassen werden und durch das Tor des Torii gleiten, im Shinto das Symbol der Großen Mutter. Das Tor ist sowohl Eingang wie Ausgang, führt aber stets nur zurück zur Mutter des Lebens, ein ideales Heiligtum für wandernde Seelen.

Die Welt der Pflanzen

Alles, was der Erde als pflanzliches Leben entsprießt, spiegelt die große schöpferische Tätigkeit der Göttin. (Indische Baumnymphe, Stupa von Bharhut, 2. Jh. v. Chr.) Der Wandlungsprozeß, der sich in der Frau ereignen kann, spiegelt das Wunder des Wachsens in der Natur. Der fruchtbare Boden, das Säen, die Wärme der Sonne und das Naß des Regens führen zur Blüte, zur Reife der Früchte, zur Ernte, bevor alles zur Erde zurückkehrt, aus der es stammt. Zu Beginn dieses Jahrhunderts, als der Zöllner Rousseau den *Traum* (1910) schuf (*unten*), faßte er das uralte Thema der Frau als Natur neu. Er malte eine offenbar kultivierte, aber nackte weiße Frau umgeben von üppiger Vegetation und Tieren. Sie ist wie verzaubert von den Flötenklängen ihrer dunklen Schwester und vergißt so nicht, woher sie wirklich kommt.

Der Baum des Lebens und die Göttin sind eins. Die sumerische Weiße Göttin Belili oder Beltis war Schutzherrin aller Bäume, besonders der Weide, Symbol der Artemis und Kuan Yin. Hier erscheint sie in Gestalt zweier geflügelter Wesen, die den Baum des Lebens segnen (Relief aus Nimrud, Assyrien, 884 v. Chr.; *gegenüber, oben links*). Belili wurde später von den Semiten in den Baal umgewandelt, aus dem der Teufel wurde. Von ihm sind auch die keltischen Maifeiern abzuleiten. Die Hopi-Indianer stellen die Maisgöttinnen dar, die dafür sorgen, daß die jungen Pflanzen wachsen (Keimen des gefleckten Mais, Acrylmalerei, 1975; *gegenüber, unten links*). Ganz links ist die Naturgottheit des Blauen Mais dargestellt, neben ihr die des Gefleckten Mais. Die beiden Gestalten in der Mitte sind schwangere Maisgeister, die Fruchtbarkeit und das Keimen bringen. Auf ihren Körpern tragen sie Spiralen, Symbole der Wanderung. Sie stehen auf Stufen, die die verschiedenen Welten bedeuten. Der

Mais wurde den Hopi vom Großen Geist gegeben, damit sie auf ihrer Reise in die vier Weltgegenden, auf der Suche nach dem gelobten Land nie Hunger leiden müssen.
Als Herrin des Weizens ist Ceres, bei den Griechen Demeter, die Erdmutter, die Fruchtbarkeit und Überfluß schafft, die ihre Geschöpfe nähren. Mit dem Füllhorn in der Rechten, in der Linken ein geflochtener Stab aus Weizen, symbolisiert sie später die Freigebigkeit des römischen Staates (Allegorisches Relief, Elfenbein, 5. Jh., *oben rechts*). Ackerbau treibende Völker stellen Idole her, die den Segen der Göttin bringen sollen. Die Maisgöttin der Indianer, die Getreidepuppen der weizenanbauenden Völker und die balinesische Reisgöttin Dewi Sri sind Beispiele, wie die Pflanze in den Leib der Göttin verwandelt wird. Sie sind als Bilder der Ceres Teil der jahreszeitlichen Feste und sollen den Menschen gute Ernten und das ganze Jahr Glück bringen.

Die Herrin der Tiere

Als Große Mutter gewährt die Göttin durch ihren zugleich tierhaften und göttlichen Instinkt allen Geschöpfen Nahrung und Hilfe. Ihre Beziehung zu wilden Tieren baut eine Brücke zwischen der Menschheit und der Welt der Natur, denn sie formt die Angst vor unseren tierhaften Trieben um, eint unsere ungezähmten Instinkte und geistigen Hoffnungen.

Eine menschliche Gestalt zwischen zwei Tieren ist ein altes Symbol, das uns schon in der Großen Mutter von Çatal Hüyük begegnet. Von dort wanderte es in viele Kulturen, zeigt manchmal eine Frau, manchmal einen Mann in der Mitte. (Archaische griechische Terrakotta, Böotien; *rechts*. Besticktes Ende eines Handtuchs, Leinen, nördliches Rußland, 18.–19. Jh.; *unten*). Im Nahen Osten kann diese Dreiheit die Berggöttin mit ihren Löwen, später mit ihren Ziegen darstellen (Salbendose, Elfenbein, Minet el-Beida, Kanaan, 14.–13. Jh. v. Chr.; *gegenüber oben links*), oder Lilith mit ihren Eulen (Terrakottarelief, Sumer, 2000 v. Chr.; *gegenüber, unten links*). Die Pferde deuten auf die keltische Göttin Epona hin (Steinrelief, Beihingen; *gegenüber, oben rechts*); in Südamerika ist sie

wieder begleitet von ihren gefährlichen Katzenverbündeten (Bronze, Diaguite, Argentinien, 1100–1400; *rechts*). Wie sie auch heißen mag, sie herrscht über die Doppelnatur des Paares, das sich geschlechtlich vereint.
In vielen Kulturen besteht ein Zusammenhang zwischen der Herrin der Tiere und den Jagdritualen der Männer: man opfert den Tiergeistern, beruft sich auf totemistische Beziehungen, kennt Reinigungsrituale und erfleht Träume, die Jäger und Wild zusammenbringen sollen. (Felsbild aus Tiout; *unten rechts*).

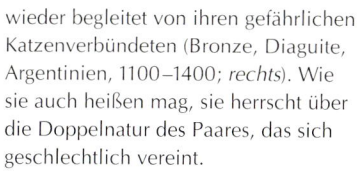

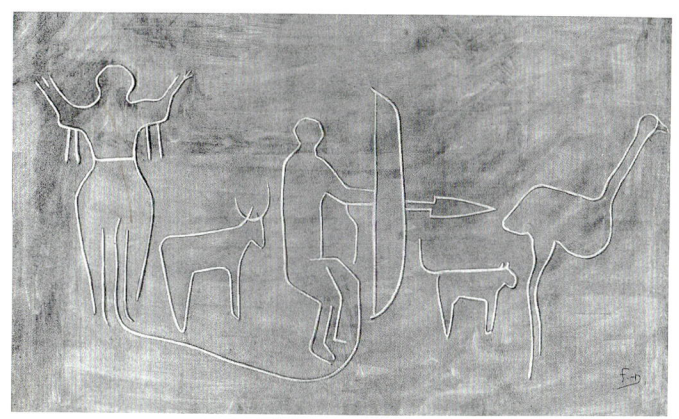

79

Mensch, Tier, Gottheit

Das Weibliche als Gottheit war immer mit Tieren verknüpft, von der Welt der Insekten, als Biene, Wespe oder Spinne, über die Haustiere Katze, Hund, Pferd und Schwein, hin zu den wilden Tieren des Waldes und in die mythischen Gefilde der Drachen, Einhörner, Sphinxe, Sirenen und Nixen. Die menschliche Neigung, Tiere als geistige Führer anzunehmen, zeigt sich klar im Totemismus. Diese Art der Verwandschaft soll der Psyche Eigenschaften wie Klugheit, Mut, Einsicht und Stärke vermitteln.

Oft wird, besonders in Ägypten, der Charakter eines bestimmten Tieres aufgegriffen, um eine Gottheit darzustellen. Wir finden hier Mut, die Göttin mit dem Geierkopf, die später in eine Katze verwandelt wurde und Mut-Bastet hieß (Relief, Grab des Ankh-s-ka-re, um 2000 v.Chr.). Als Geiergöttin war sie wie die geflügelten Priesterinnen von Çatal Hüyük (Bestattungsritual, Rekonstruktionszeichnung; *links*) Herrin der Totenriten. Als Bastet, die Katze, das Sistrum oder die Rassel in der Hand, stand sie im Mittelpunkt des berühmtesten Festes der Ägypter. (Bronzestatue mit Sistrum und Ägis; *S. 81, unten links*). Tausende von Menschen säumten das Nilufer, wenn ihr Standbild vorüberzog, schüttelten die Rasseln, tranken, tanzten und musizierten. Der Lärm der Feste war ohrenbetäubend. Auch die Skorpiongöttin Serket war mit dem Bestattungskult verbunden, doch als die, die giftige Bisse heilen konnte, galt sie zugleich als Schutzherrin der Ärzte. (*S. 81, oben links:* Knauf eines Bronzestabs, 26.–30. Dynastie; Keramik mit Frauen und Skorpionen, Samarra, Irak, 5. Jahrt. v.Chr.; *ganz rechts*). In Griechenland symbolisierte der Kaduzeus, der Baum des Lebens, um den sich zwei Schlangen winden, wie nah Gift und Arznei verwandt sind. Er ist auch ein Bild der Gesundheit von Körper und Geist.

In der Neuen Welt wird das ewige Geben und Nehmen der Göttin von der aztekischen Göttin im Schlangenrock Coatlicue verkörpert, ein Bild für das alte Wissen, daß es ohne Tod kein Leben gibt, keine Unsterblichkeit ohne Selbstaufopferung. (Steinskulptur, späte Nachklassik, Mexiko; *unten rechts*).

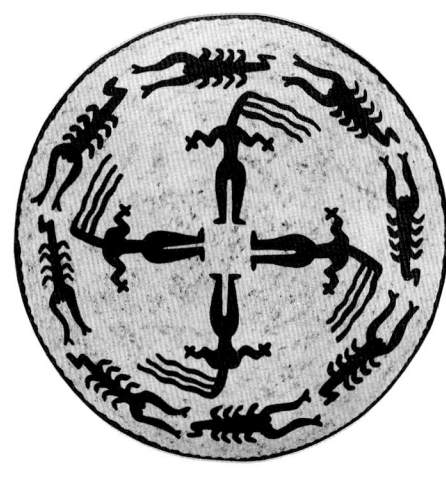

Die Du das Rufen hörst

Mit wunderbarer Kraft erfüllt
Und weisem Einsatz kluger Mittel,
In jeder Gegend dieser Welt,
Erscheint sie in zahllosen Formen.

Lotos-Sutra

Auf der ganzen Welt wird in Notzeiten die weibliche Gottheit angerufen. Die Göttin in ihrer gnadenreichen Erscheinung vergibt alles und hört die Rufe ihrer Kinder voller Mitgefühl. In China heißt sie Kuan Yin, »den flehenden Ton der Welt betrachtend«, und wird seit über tausend Jahren angebetet (Blanc de Chine, spätes 18. Jh.; *oben*). In Tibet finden wir Tara, die Lehrerin der Weisheit. Als Bodhisattva des Erbarmens kann sie sich grenzenlos der Nöte der Menschen annehmen. Sie nimmt die Haltung »königlicher Ruhe« ein und hält ein Lotosszepter mit dem Nektar der Weisheit, dem *Amirta*. Damit besprengt sie alle, die ihre Hilfe erflehen.
Bei den Maya ist Ixchel die Göttin der Regenbogen, der Wahrheit und Schönheit, des Heilens und der Geburt (Tonfigur aus Campeche, Mexiko, späte Klassik, *unten links*). Wie Kuan Yin sitzt sie in königlicher Haltung, eine Krone auf dem Haupt, die Arme bereit zur Umarmung aller, die zu ihr kommen. Auf der Halbinsel Yucatan wurden in Tulum Dutzende von Wandmalereien entdeckt, die verschiedene Stadien der Geburt zeigen. Dort befand sich vielleicht ein Pilgerzentrum für Frauen, die in die Mysterien des Heilens und der Geburt eingeweiht wurden. Von den Tempeln aus ist der Ozean zu sehen, die Insel Cozumel, weiter nördlich die Isla Mujeres, die Insel der Frauen. Auf beiden Inseln stehen Tempel der Ixchel, der wichtigsten Gestalt in den Riten der Maya-Frauen.
Eine weitere Göttin der Wahrheit, der Gerechtigkeit, des rechten Handelns ist die ägyptische Ma'at. (Holzrelief aus dem Grab des Sethos I., 19. Dynastie; *gegenüber, oben links*). Sie heißt auch »Atem des göttlichen Lebens«, und im Papyrus von Ani steht, »die Göttin Ma'at umarmt dich morgens wie abends«, das heißt sie ist bei der Geburt wie im Tod gegenwärtig. Sie wiegt in der Halle der Zwei Wahrheiten die Seelen der Verstorbenen, legt sie gegen die Straußenfeder in ihrem Haar auf die Waagschalen der Wahrheit. Sie versinnbildlicht alles, was mit den Naturgesetzen und der Harmonie des Kosmos übereinstimmt.
Im Westen lebt das Bild der barmherzigen Göttin in Maria, der Muttergottes weiter, die für alle Sünder bittet. (G. B. Tiepolo, *Unbefleckte Empfängnis*, 1767–69; *gegenüber, oben rechts*). Im Lauf der Jahrhunderte ist sie vielen einfachen Menschen, vor allem Frauen und Kindern erschienen, hat Wunderheilungen bewirkt. Wo sie sich zeigte, wird von überirdischem Licht, Quellen und himmlischen Düften berichtet. Hier steht sie von Cherubim umgeben auf Mondsichel und drachenköpfiger Schlange, die von der Lilie, dem Symbol der Reinheit, durchbohrt ist. Über ihr die Taube des Heiligen Geistes, die uns daran denken läßt, daß Gott den Leib einer Frau brauchte, um Mensch werden zu können. Der Westen schuf auch die Heilige Sophia als Symbol der Göttlichen

Weisheit. (Zeichnung von Jacqueline Klemes, nach russischer Ikone des 16. Jh., Schule von Nowgorod; *unten links*).

Die heilende Kraft der Weisheit der Frauen wird auch in einer Tonurne dargestellt (Monte Alban, Mexiko, Klassische Epoche; *unten rechts*). Die Gestalt trägt auf dem Kopf eine Jaguarmaske. Ihre andächtige Haltung läßt schließen, daß es sich um eine Priesterin des Jaguarkults handelt, der um die Mysterien der Frauen kreist. Die Jaguarpriesterinnen sind der Sonne zugehörige Schamaninnen, die sich in Jaguare verwandeln, um Heilungen durchzuführen. Die Indianer glauben noch heute an die Kraft des Jaguars und hängen ihren Kindern zum Schutz Ketten mit Jaguarzähnen um.

In jeder der erhabenen Gestalten ist die Göttin als Heilerin und mitfühlende Mutter gegenwärtig, die alle Verfehlungen verzeiht.

Die Todbringende

Als Charles Darwin den Ursprung der Gattungen auf das Prinzip der natürlichen Auslese zurückführte, folgte er der alten Einsicht, daß sich das Leben vom Tod nährt. Den ebenso alten Glauben, daß die Frau Sinnbild der Natur und die Natur die Göttin sei, wollte er nicht übernehmen. Ein Akzeptieren der dunkleren Seite der Natur finden wir in neusteinzeitlichen Gräbern, wo das Bild der Göttin in die Wände eingemeißelt ist (Vallée du Petit Morin, Marne, Frankreich; *unten*), auch in Ägypten: der Deckel des Sarkophags zeigt die nackte Himmelsgöttin Nut, die die Toten tröstet (Grab des Ankh-nes-nefer-ib-re, Theben, 26. Dynastie, um 525 v.Chr.; *rechts*). Sie tritt in vielfältigen Formen auf, grotesk bis komisch, stets daran mahnend, daß auf das Leben unausweichlich der Tod folgt (Skulptur der Chāmundā, Orissa, Indien, 11. Jh.; *gegenüber, oben*).

In Mexiko heißt sie Coatlicue, Herrin des Schlangenrocks und Mutter aller Gottheiten, die Leben bringt und es wieder nimmt (Aztekische Basaltstatue, 15. Jh.; *gegenüber, unten links*). Selbst Quetzalcoatl, die Erlösergestalt in Amerika, muß dem Ruf der Verschlingenden Mutter folgen und klagt: »Unsere Mutter, die Göttin mit dem Umhang aus Schlangen, nimmt mich als ihr Kind mit. Ich weine.« Der Tod wird der Feind des Menschen, der durch den Sieg über die Naturkräfte Unsterblichkeit erringen will. Männliche Mythologien zeigen weniger Ehrfurcht als Angst vor der alten Funktion der Göttin, und sie wird nicht mehr als weise Alte, sondern als böse Hexe gesehen, die ihre Kinder verschlingt.

Die Gorgo Medusa, die einst einer Gruppe von drei Göttinnen angehörte, wurde als Ungeheuer mit Schlangenhaar und versteinerndem Blick dargestellt (Altarrelief, Terrakotta, Syrakus, spätes 7. Jh. v.Chr.; *gegenüber, unten rechts*). Ihre wahre Botschaft war eine Weisheit, die mit der Unausweichlichkeit des Todes zu tun hatte. Das aufstrebende Patriarchat wollte von der Sterblichkeit des Menschen nichts wissen und schickte den Helden Perseus aus, um den Blick zu bannen, der den Anspruch auf Göttlichkeit verhöhnte. Das gütige Wesen hinter der »bösen« Fratze der Medusa offenbart sich in der mütterlichen Umarmung des geflügelten Pferdes Pegasus, das dem Blut entsprang, als Perseus ihr das Haupt abgeschlagen hatte.

85

Zwei, Drei und Vier

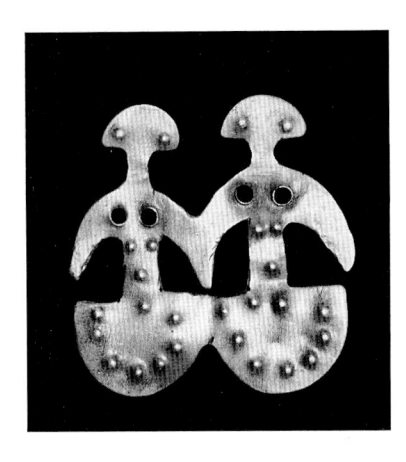

Bestimmte Zahlen sind der Göttin seit langem heilig. Einst scheint die Zwei die mystische Zahl gewesen zu sein, wie uns die Zwillingsfigur zeigt (Goldschmuck, Alaca Hüyük, Türkei; *links*): sicher eine frühe Form der Demeter mit ihrer Tochter Persephone. Anfänglich waren es wohl zwei Grazien statt drei (Rafael, *Die drei Grazien*, um 1500; *unten*). Die dreigestaltige Göttin mit ihren Aspekten Mädchen, Mutter und Alte scheint noch älter zu sein. Die Ägypter verehrten sie als Neith »Das was ist«, Isis »Der Thron« und Selket »die die Kehle atmen läßt« (Goldfiguren aus dem Grab des Tut-ankh-aman, Theben, 18. Dynastie, um 1354 v.Chr.; *gegenüber, oben links*), während die Kelten die Dreiheit als »die Mütter« verehrten.

Im Christentum ist sie nicht so deutlich zu erkennen, auch wenn in der Holzskulptur (Augsburger Schule, 16. Jh.; *gegenüber, oben rechts*) die Hinzufügung der Hl. Emerentia als apokrypher Großmutter der Jungfrau Maria, die mit ihrer Mutter Anna dargestellt ist, in dieser alten Tradition steht.

In Nordamerika ist die heilige Zahl jedoch die Vier, und die Göttin erscheint in den Sandbildern der Navaho als Verkörperung der vier heiligen Berge, der vier Himmelsrichtungen, die der Regenbogen umfängt (*gegenüber, unten*).

Die Göttin ist zugleich das Eine und die Vielen; selbst in der Vielfalt ihrer Formen ist sie doch die eine Große Göttin. Kein einziger Aspekt drängt sich vor, denn in all ihrer Mannigfaltigkeit verkörpert sie die ganze Weite und Kraft des Weiblichen. Die Aufspaltung der Göttin in viele scheinbar verschiedene Facetten hat ihre Kraft geschwächt, und so ist es wichtig, daß die Frauen als irdische Verkörperungen der Göttin diese Vielfalt in ihr Leben hineinnehmen und sie als ein Zeichen der Gesundheit und Ganzheit offenbaren und nicht als Aufsplitterung der weiblichen Kraft.

Das Licht in der Finsternis

Der Mond in seinem Wandel ist das Gestirn der Frauen, ob er wie in der Alten Welt als weiblich oder, wie manchmal in der Neuen, als Mann gesehen wird. Die kykladischen Statuetten (1400–1200 v.Chr.; *oben*) zeigen die zwei wichtigsten Formen: den Vollmond und die Sichel, deren Hörner uns erinnern, daß die Göttin seit der Altsteinzeit mit dem Stier, manchmal auch mit Jagdwild in Verbindung stand. Seit alten Zeiten werden der Geschlechtsakt und das Töten der Tiere gleichgesetzt. So erleidet der Jäger Aktäon sein Schicksal, weil er die Zeit, in der sich die Frauen jeden Monat reinigen, mit jener verwechselte, in der die Rituale der Venus gebührend gefeiert werden können (Attischer Krater des Pan-Malers, um 470 v.Chr.; *oben links*). Er wird von der jungfräulichen Artemis getötet, die auch Schutzherrin der Geburt ist; ihr Symbol, der Mond, entspricht ebenfalls der Jungfrau Maria mit dem Kind (Albrecht Dürer, *Marienleben*, 1511; *unten links*). Vergleichbar damit ist in China der lüsterne Hase im Mond, wo er mit Stößel und Mörser das Elixier des Lebens bereitet (Bild des T'ang Yin, Ming-Dynastie; *gegenüber, links*).

Ganz anders die aztekische Sage, die die Vierteilung der Mondgöttin Coyolxauhqui als tatsächliche Zerstückelung durch ihren Bruder, den Kriegsgott Huitzilopochtli sieht (Stein-relief, Tenochtitlan, frühes 16. Jh.; *gegenüber, oben rechts*). Dies hat mit dem Aufstieg des Männlichen zur Macht zu tun, durch den das Weibliche in etwas Böses verwandelt wird – hier in eine tückische Zauberin.

Der über der Landschaft aufgehende Vollmond ist eins der zauberhaftesten Bilder der Natur. (Samuel Palmer,

月中玉兔搗靈丹却被神娥竊一元
從此凡胎受仙骨天風桂子跨青鸞
吳郡唐寅畫并題

Erntemond, um 1830; *unten*) Jahreszeitliche Feste wie das zum »Erntedank« werden stets bei Vollmond gefeiert. Der Kreislauf der ewigen Wiederkehr spiegelt sich in der hellen Mondscheibe wider, die auf die Früchte der Erde herabblickt. Die sichelförmigen Geräte, mit denen geerntet wird, huldigen dem Mond als der Quelle des Wachstums.

89

Ewig wachsame Augen

Wie jede gute Mutter behält die Göttin ihre Kinder wachsam im Auge. Augen haben immer fasziniert, gebannt und verhext, und oft Missetäter mit dem »bösen Blick« bedacht, denn die Kraft eines Blickes kann einen Mann in Stein verwandeln. Vor allem alten Frauen wurde nachgesagt, sie hätten diese Fähigkeit vervollkommnet, und die Inquisition zwang als Hexen angeklagte Frauen, den Gerichtssaal rückwärts zu betreten, damit die Richter nicht von Blicken getroffen wurden, die »töten können«.

Um 3000 v. Chr. wurde in Tell Brak in Syrien der Göttin Ischtar ein Tempel errichtet: in ihm befanden sich eine Menge Statuetten, deren Köpfe nur aus großen Augen bestanden (Augen-Idol, um 3000 v.Chr.; *S. 90 links oben*). Es ist anzunehmen, daß die Göttin damals nicht nur das Leben der Natur garantierte, sondern auch über eine neue Gesellschaftsform wachte, deren Anhänger der Megalithkultur zuzurechnen sind. Ihre Spuren finden sich an den Küsten Nordafrikas entlang, in Äthiopien und die atlantische Küste hinauf bis nach Irland – und überall wird die Anwesenheit der Göttin durch ihre allwissenden Augen betont (*gegenüber*: Gefäß, Los Millares, Spanien, um 3000 v.Chr.; Statuette, Anatolien, Türkei, um 2000 v.Chr.; doppelköpfige Augengöttin, Kappadozien, Ende des 3. Jht. v.Chr.; *links*: Augenmaske für Menstruationsriten, Kwotmagum, Papua-Neuguinea, 1955–56).

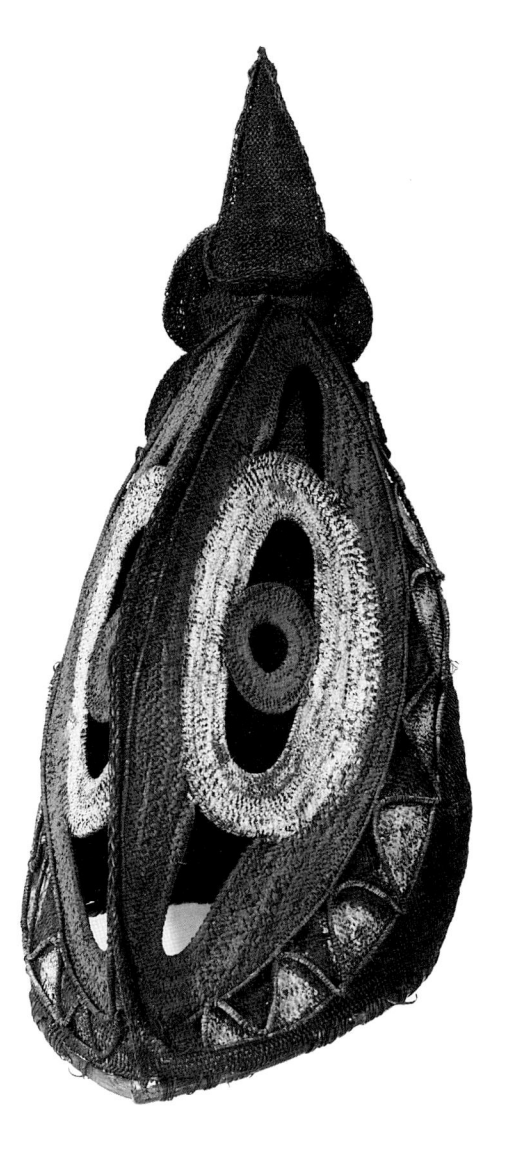

In Ägypten hieß sie die »Älteste der Alten«, war die Uräusschlange, das Auge mit dem Schlangenschwanz, aus dem alles stammte (Brustschmuck, 12. Dynastie, um 1991–1786 v.Chr.; *unten*). Dies war das Symbol der höchsten Gewalt und konnte als Zeichen unendlicher Macht als Talisman gegen den bösen Blick benutzt werden. Wir sehen das Auge der Göttin in der Form des Medusenhaupts als Abwehrzauber auf dem Schild der Athene, und auch auf der griechischen Trinkschale, eine Warnung vor der Sirenenstimme der Berauschtheit (Attische Kylix, Amasis-Maler, um 560–525 v.Chr.).

Die Vereinigung der Gegensätze

Bei all dem Gerede vom Kampf der Geschlechter könnten wir fast annehmen, Männer und Frauen seien zwei verschiedene Gattungen, wo sie doch in Wirklichkeit gleich verantwortlich für das Schicksal der Welt sind. Jede Kultur schenkt uns Einsichten, wie weibliche und männliche Energien im Gleichgewicht sein können – Yin und Yang, Shiva und Shakti, Erdmutter und Himmelsvater –; die tiefsinnigsten Philosophien kreisen um das Mysterium der Heiligen Hochzeit. Natürlich muß der *hieros gamos* erst in uns selbst geschehen, bevor die Vereinigung mit anderen möglich wird.

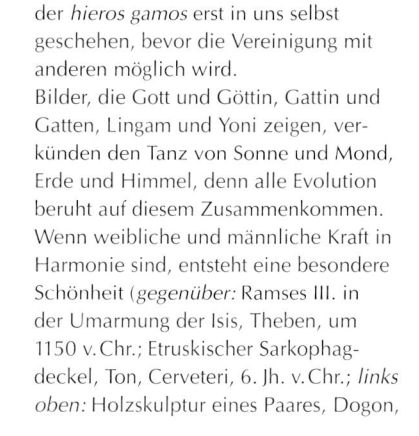

Bilder, die Gott und Göttin, Gattin und Gatten, Lingam und Yoni zeigen, verkünden den Tanz von Sonne und Mond, Erde und Himmel, denn alle Evolution beruht auf diesem Zusammenkommen. Wenn weibliche und männliche Kraft in Harmonie sind, entsteht eine besondere Schönheit (*gegenüber:* Ramses III. in der Umarmung der Isis, Theben, um 1150 v.Chr.; Etruskischer Sarkophagdeckel, Ton, Cerveteri, 6. Jh. v.Chr.; *links oben:* Holzskulptur eines Paares, Dogon, 19. Jh.; *links Mitte:* Peruanisches Paar, Keramik, 1400–1532).

In Japan verehrt die Landbevölkerung Dosojin (die mannweibliche Gottheit) in zahllosen Schreinen. Männlich und Weiblich sind als menschliche Gestalten oder als Lingam und Yoni vereint (Steine, Japan, Präfektur Shizuoka; *links unten*). Die vereinigte Energie kann Entsetzen hervorrufen, wenn sie Böses bewirkt. Die beiden Todesdämonen aus Indien zeigen uns, daß Frauen wie Männer aus tiefster Unwissenheit und Bosheit heraus handeln können, in Widerspruch zu allen positiven Kräften der Lebensenergie (Vatapi und Ilvala, Mahakuteshwar-Tempel, 6. Jh.).

Spinnen weben Spiralen

Die Frauen und die Göttin haben stets gewebt, Stoffe, Geschichten, Zauber, im Uterus das Knochengewebe; Zeit und Schicksal, die im Universum gesponnen werden (Griechische rotfigurige Vasenmalerei, 6.–5. Jh. v.Chr.). Spinnräder, Spinnwirtel, Spinnen und Labyrinthmuster sind motivisch dasselbe (Geschnitzte Spinnwirtel, Ahorn, Coast Salish, Nordamerika, 19. Jh.; Muschelscheibe mit Spinne, südl. Kultkreis am Mississippi, Illinois, um 1000 n.Chr.; Münze mit Labyrinth, Knossos, Kreta, 1. Jahrt. v.Chr.; *gegenüber, links:* Labyrinth der Kathedrale von Chartres, 13. Jh.). Spiraltänze führen in das Labyrinth des Lebens hinein, aus ihm heraus. Vergangenheit, Gegenwart und Zukunft sind durch den Faden der Zeit verbunden, den die Parzen oder Moiren weben: Klotho, die Spinnerin, Lachesis, die Loserin, und Atropos, die den Faden abschneidet. Sie waren bei der Geburt eines Kindes mit Verwünschungen und Segen anwesend, die sich zum persönlichen Schicksal verwoben. In Skandinavien waren es die Nornen oder Schicksalsschwestern, und die Walküren, die aus dem Blut und Gedärm der Menschen das Schicksal der Welt woben.

Bei den Navaho liegt das Weben der Welt in den Händen von Changing Woman oder der Spinnenfrau. Sie ist für die Erhaltung des Universums verantwortlich, damit der heilige Traum des Lebens lebendig bleibt. Selbst in der dunkelsten Stunde, wenn das Gewebe des Lebens zerstört scheint, spinnt und webt sie weiter. Ihr sind daher die Spinnen heilig und werden nie getötet, da dies eine Beleidigung der Großmütter oder Ahnen wäre. Sie sind schwarz gewandet und werden mit einer besonderen Art der weiblichen Magie in Verbindung gebracht, die zurück in die Zeit und voraus in die Zukunft verfolgt werden kann, allerdings nur in mütterlicher Linie (Colleen Kelley, *Rückkehr der Großmütter*, Bleistift auf Hadernpapier, 1984; *oben rechts*). Die Hopi kennen ebenfalls die Spinnenfrau mit ihren beiden Söhnen, die als Krieger am Nord- und Südpol stehen: sie beschützen das Volk der Hopi und die Erde. (Acrylmalerei, 1975).

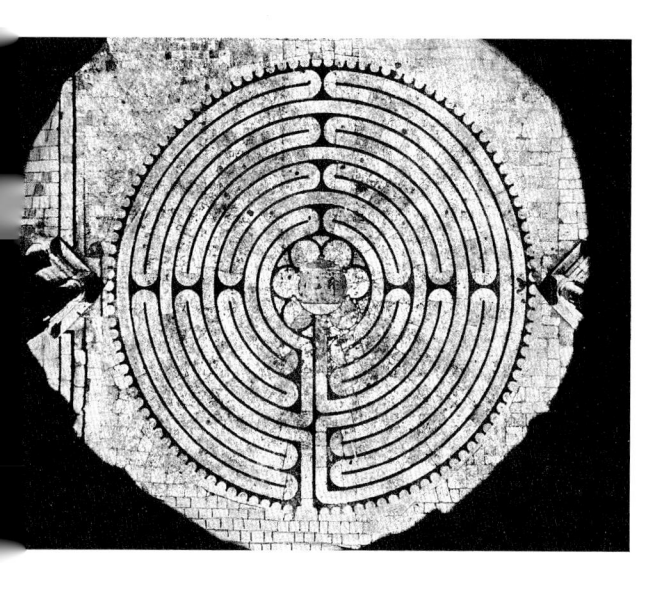

Quellen und weiterführende Literatur

Agrawala, P.K., *Goddesses in Ancient India*, New Delhi: Abhinav Publications, 1984.

Ardrey R., *The Territorial Imperative*, New York: Atheneum, 1966.

Bachofen, J.J., *Das Mutterrecht*, Frankfurt a.M.: Suhrkamp, 1975.

Beauvoir, S. de, *Das andere Geschlecht*, München, Zürich: Droemer, 1961.

Begg, E., *The Cult of the Black Virgin*, London: Arkana, 1985.

Benedict, R., *Urformen der Kultur*, Reinbek: Rowohlt, 1960.

Binford, S.R. und L.R., *New Perspectives in Archaeology*, Chicago: Aldine, 1968.

Blofeld, J., *Compassion Yoga: The Mystical Cult of Kuan Yin*, London: George Allen & Unwin, 1977.

Briffault, R., *The Mothers*, 3 Bde., New York: Macmillan, 1927.

Burkert, W., *Griechische Religion der archaischen und klassischen Epoche*, Stuttgart: Kohlhammer, 1977.

Crawford, O.G.S., *The Eye Goddess*, London: Phoenix House, 1957.

Durdin-Robertson, L., *The Goddesses of Chaldaea, Syria and Egypt*, Enniscorthy: Cesara Publications, 1975.

Eliade, M., *Gods, Goddesses and Myths of Creation*, New York: Harper & Row, 1967.

Fisher, E., *Woman's Creation: Sexual Evolution and the Shaping of Society*, New York: Anchor Press/Doubleday, 1979.

Frazer, Sir J.G., *The Golden Bough: A Study in Magic and Religion* (1890), gek. Ausg. New York: Macmillan Paperbacks, 1960.

Gimbutas, M., *The Goddesses and Gods of Old Europe: Myths, Legends and Cult Images*, London: Thames and Hudson, 1974.

Goodale, J.C., *Tiwi Wives: A Study of the Women of Melville Island, North Australia*, Seattle: University of Washington Press, 1971.

Graves, R., *Griechische Mythologie. Quellen und Deutung*, 2 Bde., Reinbek: Rowohlt, 1960.

–, *Die weiße Göttin: Sprache des Mythos*, Reinbek: Rowohlt, 1985.

–, *Adam's Rib and other Anomalous Elements in the Hebrew Creation Myth*, Clairvaux: Trianon Press, 1955; New York: Thomas Yoseloff, 1958.

Harrison, J.E., *Prolegomena to the Study of Greek Religion* (1903), New York: Meridian, 1957.

Hart, G., *A Dictionary of Egyptian Gods and Goddesses*, London: Routledge & Kegan Paul, 1986.

Hawkes, J., *Geburt der Götter. An den Quellen griechischer Kultur*, Bern, Stuttgart: Hallwag, 1972.

Huxley, F., *The Way of the Sacred*, London: Star Books, 1980.

Jacobsen, T., *Toward the Image of Tammuz and Other Essays on Mesopotamian History and Culture*, Cambridge, Mass.: Harvard University Press, 1976.

–, *The Treasures of Darkness: A History of Mesopotamian Religion*, New Haven: Yale University Press, 1976.

Kaberry, P.M., *Aboriginal Woman: Sacred and Profane*, London: Routledge, 1939.

Kerényi, K., *Die Jungfrau und Mutter der griechischen Religion. Eine Studie über Pallas Athene*, Zürich: Rhein-Verlag, 1952.

–, *Goddesses of Sun and Moon*, Dallas: Spring Publications, University of Dallas, 1979.

Keuls, E.C., *The Reign of the Phallus: Sexual Politics in Ancient Athens*, New York: Harper & Row, 1985.

Kropotkin, P.A., *Gegenseitige Hilfe in der Tier- und Menschenwelt*, Leipzig: 1910.

Lee, R.B. und I. DeVore (Hrsg.), *Kalahari Hunter-Gatherers: Studies of the !Kung San and Their Neighbours*, Cambridge, Mass.: Harvard University Press, 1976.

–, *Man, the Hunter*, Chicago: Aldine, 1968.

Lerner, G., *The Creation of Patriarchy*, Oxford: Oxford University Press, 1986.

Levy, G.R., *The Gate of Horn*, London: Faber & Faber, 1948.

Lurker, M., *Götter und Symbole der alten Ägypter*, München: Goldmann, 1980.

Marshack, A., *The Roots of Civilization*, New York: McGraw-Hill, 1971; London: Weidenfeld and Nicholson, 1972.

Mellaart, J., *Çatal Hüyük. Stadt aus der Steinzeit*, Bergisch Gladbach: Lübbe, 1967.

–, *Earliest Civilizations of the Near East*, London: Thames and Hudson, 1965.

–, *Excavations at Hacilar*, 2 Bde., Edinburgh: Edinburgh University Press, 1970.

Montagu, M.F.A. (Hrsg.), *Man and Aggression*, New York: Oxford Paperbacks, 1971.

Moon, S., *Changing Woman and Her Sisters*, San Francisco: Guild for Psychological Studies, 1984.

Morris, D., *Der nackte Affe*, München: Droemer Knaur, 1967.

Needham, J., *The Pattern of Nature-Mysticism and Empiricism in the Philosophy of Science: Third-Century BC China, Tenth-Century AD Arabia and Seventeenth-Century AD Europe*, Oxford: Oxford University Press, 1953.

Neumann, E., *Die Große Mutter*, Olten, Freiburg: Walter, 1985.

Perera, S.D., *Der Weg zur Göttin der Tiefe*, Interlaken: Ansata, 1985.

Pjerrou, M., »Hypatia, the Lost Philosopher« (unveröff. Aufsatz), 1987.

Powdermaker, H., *Life in Lesu: The Study of a Melanesian Society in New Ireland*, New York: Norton, 1971.

Preston, J.J., *Mother Worship: Theme and Variations*, Chapel Hill: University of North Carolina Press, 1982.

Renfrew, C., *Before Civilization*, London: Jonathan Cape, 1973.

Ruether, R., *Religion and Sexism: Images of Women in the Jewish and Christian Traditions*, New York: Simon & Schuster, 1974.

Shuttle, P. und P. Redgrove, *Die weise Wunde Menstruation*, Frankfurt a.M.: Fischer/Goverts, 1980.

Sjöö, M. und B. Mor, *The Great Cosmic Mother: Rediscovering the Religion of the Earth*, San Francisco: Harper & Row, 1987.

Starhawk, *Truth or Dare: Encounters with Power, Authority and Mystery*, San Francisco: Harper & Row, 1987.

Stone, M., *Als Gott eine Frau war: die Geschichte der Ur-Religionen unserer Kulturen*, München: Goldmann, 1989.

–, *Ancient Mirrors of Womanhood: A Treasury of Goddess and Heroine Lore from Around the World*, Boston: Beacon Press, 1984.

Thompson, W.I., *Der Fall in die Zeit: Mythologie, Sexualität und der Ursprung der Kultur*, Stuttgart: Edition Weitbrecht, 1985.

Ucko, P.J. und A. Rosenfeld, *Felsbildkunst im Paläolithikum*, München: Kindler, 1967.

Vermaseren, M.J., *Cybele and Attis: The Myth and the Cult*, London: Thames and Hudson, 1977.

Walker, B.G., *The Woman's Encyclopedia of Myths and Secrets*, San Francisco: Harper & Row, 1983.

Weigle, M., *Spiders and Spinsters: Women and Mythology*, Albuquerque: University of New Mexico, 1982.

Wheeler, Sir M., *Civilizations of the Indus Valley and Beyond*, London: Thames and Hudson, 1966.

Whitmont, E.C., *Die Rückkehr der Göttin. Von der Kraft des Weiblichen in Individuum und Gesellschaft*, München: Kösel, 1989.

Wolkstein, D. und S.N. Kramer, *Inanna, Queen of Heaven and Earth: Her Stories and Hymns from Sumer*, New York: Harper & Row, 1983.

Wollstonecraft, M., *The Rights of Woman* (1792), und John Stuart Mill, *The Subjection of Women* (1869), Everyman's Library Nr. 825, New York: Dutton, 1955.